青年学术丛书·经济

YOUTH ACADEMIC SERIES-ECONOMY

外资并购的
相关制度研究

郝 洁 著

人民出版社

目　录

前　言

外资并购是一个充满争论的领域，其在推动东道国经济及产业更大程度的国际化方面的积极作用，与对于东道国国家安全、产业安全以及市场垄断方面的负面影响始终是并存的。20世纪90年代初以后，尤其是2001年中国加入WTO以后，伴随着外商直接投资的快速增长，中国的外资并购经历了一个比较快速的发展阶段，中国企业已成为跨国公司在全球最感兴趣的并购目标之一。我们对于外资并购的认识也在不断成熟和更加全面。从最初"中策事件"引起政府对外资并购的警惕与拒绝，到1998年亚洲金融危机后，国家开始逐步重视发挥外资并购在经济发展中的积极作用，再到入世之后的资本市场的逐步开放以及更大程度上的产业开放所带来的外资并购的迅速增长，再到2006年"凯雷并购徐工"案件引发的公众对于中国产业安全的忧虑，及至2011年国家外资并购安全审查制度的实施，20年来，中国的外资并购走过了一条并不平坦的道路。

外资并购的制度建设对于防范其对国家安全产生的消极作用是至关重要的。中国外资并购制度的演进是与国内外资并购的发展以及全球经济形势息息相关的。20年来，中国外资并购制度经历了三个阶段。首先，是90年代中前期的初步探索阶段；其次，是1998年到2006年的逐步发展与培育阶段；第三，是2006年以来的鼓励与规范并重阶段。

本书在总论中对于中国外资并购制度的演进脉络进行了梳理和分

析，重点对 2011 年中国的外资并购安全审查制度以及对美国外资并购安全审查制度的借鉴进行了分析，提出了完善中国外资并购制度的相关建议。外资并购安全审查制度是世界通行的惯例。西方发达国家是外资并购安全审查制度的"先行者"，美国、加拿大、澳大利亚等国家早已通过立法、设置专门机构，建立了各自对外资并购进行安全审查的完整机制。凡涉及国家安全问题的外资并购应首先接受国家安全审查，这应当是顶层审查制度。《外资并购法》的缺失使中国的外资并购制度失去了纲领性的法律依据，使外资并购方面的若干基本问题无法达成一致的认识，中国应将外资并购安全审查制度纳入《外资并购法》。

本书的分论共有八章。

第一章是外资并购概论。本章从跨国并购的基本概念入手，论述外资并购的含义。当今外资并购方式纷繁复杂，本章以六个标准论述不同的分类，并特别论述了目前中国法律规定的两种方式——资产收购与股权收购。本章分析了两种特殊的外资并购，一是跨国公司以自己原来就拥有的在目标国的子公司来并购目标国的目标企业，二是跨国公司在目标国设立子公司以并购目标国的目标企业。

第二章是外资并购的经济分析与制度思考。本章分析了结构理论和芝加哥学派理论对美国并购立法取向演变的影响，说明了各国对并购立法模式的选择在很大程度上取决于对其经济影响的认识。从各国对并购法律规制的一般框架看，可以划分为实体规则和程序规则两部分。本章就从这两条线索出发，分别论述了外资并购实体规制的三种标准和程序规制的两种模式，并对中国外资并购的实体和程序规制模式提出了设想。

从第三章开始本书进入外资并购相关制度构建的分析与评价。

第三章是外商投资法方面的相关制度。外资并购是国际投资活动的一种方式，外商投资法因而成为规范外资并购的首要法律制度。本章论述了外商投资法中关系外资并购的几个重要问题，包括并购方的国际投资待遇问题、出资比例问题、外商增资扩股问题和外资并购的市场准入问题等。

第四章是反垄断法方面的相关制度。对于外资并购最普遍的忧虑是担心其对国内竞争的影响，反垄断法特有的法学价值是维护公平竞争，因此它成为外资并购最重要的制度。目前对并购的控制已成为大多数国家反垄断法的一项重要内容。本章从中国反垄断法的价值取向展开论述，认为中国反垄断法应在保护企业规模和促进竞争效率上作出很好的权衡。然后从界定外资并购构成垄断的标准、禁止外资并购的豁免、规制外资并购的执行机构、申报程序以及外资并购规制的域外效力等方面具体展开论述。

第五章是公司法方面的相关制度。当今公司是企业存在的最主要的形式，外资并购也主要是在公司之间进行。《公司法》是规制外资并购的另一部重要法律。本章主要从《公司法》对外资并购的影响方面展开论述，重点分析完善保护中小股东权益的法律制度、反收购制度、外资并购中的公司资本、股份转让以及"一人公司"制度等问题。

第六章是外资并购上市公司的相关制度。从并购的发展历程看，大规模的并购主要是以上市公司为目标展开的，重大的并购案件也主要发生在上市公司之间。本章首先介绍了外资并购中国上市公司的演进过程，进而分析《合格境外机构投资者境内证券投资管理暂行办法》和《外国投资者对上市公司战略投资管理办法》中外资并购中国上市公司的有关规定，并对其进行比较。

第七章是外资并购国有企业的相关制度。国有企业改革是中国经济体制改革的重要组成部分，利用外资并购的方式对国有企业进行重组改造已经成为改革的重要内容。在论述外资并购国有企业的背景情况和主要方式的基础上，分四个阶段介绍了外资并购国有企业相关政策的演变，着重论述了外资并购中的国有资产评估制度、债权债务承担以及职工权益保护与补偿等问题。

　　第八章是外资并购的国际规制。主要讨论外资并购规制的国际协调问题。随着世界范围内跨国并购现象的进一步扩展，有关并购的国际协调问题已越来越受到并购发生国和有关国际组织的关注。本章详细介绍了欧盟的并购制度，以及国际上对外资并购的双边与多边的反垄断规制现状，并分析了中国参与国际规制的立场。

　　本书一定存在不少缺点与不足，不当之处，恳请批评指正。

郝　洁

2011 年 10 月

总　论　外资并购的制度研究

一、跨国并购发展随全球经济形势变化而起落

始于 20 世纪 80 年代末的跨国并购浪潮发生在全球化和网络经济迅猛发展的时代，迅猛增长的跨国并购作为对外直接投资的重要方式，成为跨国新建之外的另一个主角。其背景包括：一是美国总统里根和英国首相撒切尔夫人都实行了经济自由化的政策，并且将部分国有项目私有化；二是主流经济哲学由过去的国家干预的凯恩斯主义转向新古典主义；三是美国 1987 年股市危机后一些企业的股票价值严重低估；四是美元价值的低估和日元价值的高估，使得日本公司纷纷登陆美国，寻求跨国并购的机会。在多重因素的推动下，跨国并购得以快速增长。

整个 20 世纪 90 年代，全球跨国并购基本保持蓬勃增长态势（见图1）。2000 年，全球跨国并购交易额达到 9052 亿美元，占当年全球 FDI 的 64.6%，交易额与占 FDI 比重均达到前所未有的高度。2001 年由于美国 "9·11" 事件以及网络泡沫的破灭等因素导致全球跨国并购连续三年下滑，2004 年后随着全球经济的复苏，跨国并购出现第二轮的快速扩张。2007 年，并购交易额达到 10227 亿美元，占当年全球 FDI 的 50.9%，形成第二个高峰。

可以发现，在 FDI 的两种类型中，跨国并购比跨国新建对全球经

济形势有更高的敏感度。当全球 FDI 处于峰值的时候，跨国并购所占的比重大幅增长也达到峰值。而当 FDI 下降时，跨国并购在其中的比重也明显下降。总体看，自 1994 年以来，跨国并购在 FDI 中所占比重均达 30% 以上，仅在 2009 年受国际金融危机影响 FDI 大幅回落后，跨国并购比重下降为 22.4%。

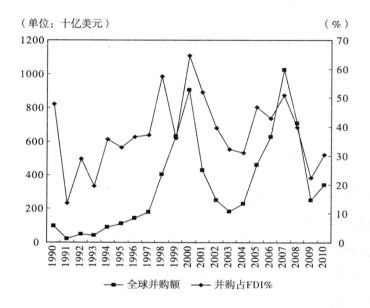

图 1：1990—2010 年全球跨国并购交易额及占全球 FDI 比重

资料来源：UNCTAD, cross-border M&A database（www.unctad.org/fdistatistics）。

2008 年美国次贷危机爆发，世界经济陷入衰退，全球跨国并购从 2007 年的鼎盛时期滑落。根据 UNCTAD 的数据，全球跨国并购规模 2008 年、2009 年连续两年大幅下滑，2009 年总交易额仅为 2497 亿美元，比 2007 年下降了 75.6%，是自 2004 年以来的最低水平。在 2009 年不少企业因信贷市场的动荡和企业并购成本的变动等原因，被迫放弃了已宣布的收购行为。其中最大一宗失败交易是瑞士金属公司（Xstrata）收购英国英美资源集团失败，错失了一宗交易金额达 480 亿美元的并购交易，而中国铝业以 195 亿美元收购力拓失败则是新兴市场国家最大的失败交易。

进入 2010 年，随着全球经济的恢复，跨国并购也开始逐渐复苏。根据 UNCTAD 公布的数据，2010 年全球跨国并购总交易额为 3411 亿美元，比 2009 年上升 36.6%，占 FDI 比重由 2009 年的 22.4% 上升为 30.4%，增长 8 个百分点。2010 年全球 FDI 仅比 2009 年增长 1%，而其中新建投资的交易金额与交易数量均下降，与跨国并购的快速增长形成鲜明对比。金融危机后，随着发展中国家经济的率先恢复，跨国并购在发展中国家增长迅猛，2010 年比 2009 年增长达 117%，而同期发达国家的跨国并购增长率为 23.9%。

二、全球化背景下中国外资并购的发展

20 世纪 90 年代后，随着中国进一步加快改革开放步伐，融入全球经济一体化，外资并购开始逐步增长（见图 2）。总体看，中国外资并购增长幅度较大，且占中国 FDI 的比重的变化趋势与并购金额的变化趋势高度吻合。即当外资并购大幅上升时，其占 FDI 比重也明显增大，反之亦然。这一点与全球跨国并购中的趋势一致。

（一）中国外资并购的发展历程

根据交易规模以及政策制度的变迁，中国外资并购的历程可划分为三个阶段：1992 年至 1998 年的初步发展阶段；1998 年至 2006 年的升级发展阶段；2006 年以后的调整发展阶段。

20 世纪 80 年代至 90 年代初，全球开始进入跨国并购浪潮时期，此时期的跨国并购主要由金融财团推动，带有浓厚的投机色彩。在此阶段，中国对于经济体制改革的方向、国有企业改革的目标、外商独资、合资企业的产权问题等方面的认识还不统一，对外资尤其是带有投机性的外资并购持谨慎甚至敌视的态度。这一时期的外资并购只能是试探性

3

的。中国当时的外资并购案例极少，甚至没有相关统计。零星的外资并购中国企业案例只能通过合资、合作或购买产权的方式完成，几乎没有借助证券市场完成的并购。

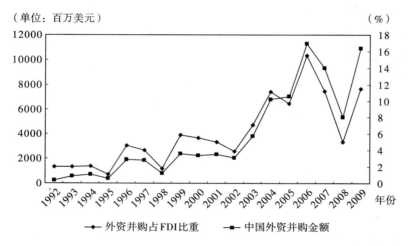

图 2：1992—2010 年中国外资并购金额及占 FDI 比重（单位：百万美元）

资料来源：UNCTAD，cross-border M&A database（www.unctad.org/fdistatistics）。

1. 中国外资并购的初步发展阶段：1992—1998 年

1992 年是中国思想解放的里程碑，中国确立了建立中国特色市场经济的改革方向，同时在微观层面上明确了建立现代企业制度的国有企业改革方向。中国的投资环境得到根本改善，与外资并购相关的制度进入探索性发展阶段。

初期，外资主要通过合资控股或购买产权的形式并购并改造中国国有非公司企业或国有非上市公司。这一时期，世界著名跨国公司逐步加入并购中国国有企业的行列。本时期外资并购交易额总体偏低，逐步由不足 5 亿美元上升至 19 亿美元的规模，外资并购占 FDI 的比重基本保持在 2%～4%。

本时期最突出的外资并购项目为"中策事件"。1991 年 6 月，印尼华人黄鸿年购买香港的红宝石公司，12 月更名为"香港中策投资有限公司"，1994 年该公司又更名为"香港中策投资集团公司"，简称"中策公司"。中策公司具有国际金融资本的色彩。从 1992 年 4 月开始，中策公司董事长黄鸿年在两年多的时间里，以建立由中策控股 51% 以上的合资企业的方式，增加在中国的股权投资，把国内不同行业和地区的百余家国有企业成批改造成 35 家中外合资公司。中策公司在控股大批国有企业之后，将其在太原的双喜轮胎公司所占的 55% 股份和在中策杭州橡胶公司所占的 51% 的股份合起来在百慕大群岛注册了一家由中策公司全资控股的中国轮胎公司，于 1993 年 7 月 1 日在美国纽约证券交易所上市，获得 9400 万美元。中策公司还将其拥有的泉州啤酒厂 60% 的股权和杭州啤酒厂 55% 的股权转让给日本朝日啤酒和伊藤忠财团。中策公司上市集资所得款项及转让股权的收益，部分地用于对中国的其他国有企业的控股收购。中策公司的这种投资的规模、对象、行为、方式引起了人们的广泛关注。人们将之称为"中策现象"。更准确地讲，中策现象，就是利用国际财团的资本实力，对中国国有企业进行成片、成行业"打捆式"的参股、控股和改造，然后利用国际财团的金融操作手段，在国际资本市场将其出售谋利。"中策现象"可看做是外资并购中国国有企业的开端，由此诸多国外大企业、大财团纷纷前来并购中国企业。当时中国政府还没有出台任何关于外资控股并购国有企业的政策性法规。

1995 年前，外资并购主要是以合资或者购买产权的形式完成的。1995 年开始将目标转向上市的国有公司，并借助证券市场完成并购。当时有两个比较典型的案例。一是日本五十铃自动车株式会社和伊藤忠商事株式会社通过股权协议转让参股北旅股份。1995 年 8 月，日本五十铃自动车株式会社与伊藤忠商事株式会社通过协议，一次性购买北旅股份不上市流通的非国有法人股 4002 万股，占公司总股本的 25%，成为其第一大股东。二是江铃汽车通过定向增发 B 股的模式与福特汽

车公司合作。1995 年，江铃汽车与福特汽车公司签署了江铃 B 股 ADS
认购协议及联合开发技术协议，福特汽车公司一次性购进江铃汽车新发
B 股的 80%，占该公司总股本的 20%，成为第二大股东。由此，福特
汽车公司成为其最大的战略投资者和合作伙伴。"江铃事件"虽然是外
资通过证券市场并购国有上市公司的第二例，但是该并购案又开创了外
资通过大量增持 B 股控股或参股中国国有上市公司的先例，在并购市
场上实现了创新。

2．中国外资并购的升级发展阶段：1998 ～ 2006 年

（1）1998 ～ 2001 年：培育期

1998 年发生亚洲金融危机，中国面临需求不足和经济结构失衡等
问题，外资并购政策转向宽松，政府开始注重发挥外资并购促进国内经
济发展的作用，制定了一系列培育外资并购的法规政策。此时期外资并
购对象以汽车、石化等主导产业和基础工业的上市公司为主，并以经济
效益相对低下的上市公司为主。并购方多数为世界著名的跨国公司。三
年间中国外资并购额与占 FDI 比重均快速提升，年外资并购规模增至
23 亿美元左右，占 FDI 比重也相应上升到 5% -6% 左右。

（2）2001 ～ 2006 年：鼓励期

从全球经济状况看，2001 年以来，美国"9·11"事件后世界经济
增长呈现趋缓的态势，全球 FDI 与跨国并购均出现了下降趋势。而中
国经济依然保持了快速增长态势，政府相关部门继续出台了若干鼓励外
资并购的政策。2001 年加入世贸组织后，中国资本市场与更多产业的
对外开放从根本上改变了国内的外资并购市场。一直在相对独立的经济
环境中运行的中国企业和中国证券市场逐步融入全球经济一体化的进程
中，中国的外资并购有了更好的环境，世界也看到了中国发展的巨大潜
力和市场的无限生机。

2002 年，中国超越美国成为世界第一大利用外资国，其后的几年，

中国保持了外资流入的旺盛势头，外资在华并购持续升温。外资并购的热点范围随着中国各个行业外资准入政策限制的逐步取消而逐步扩大。外资并购的主要目标集中在绩优公司或行业龙头，汽车、金融、钢铁、水泥、机械等具备蓝筹性质的行业成为外资并购的多发地带。

2005 年中国启动股权分置改革，使证券市场的并购更加活跃、规范，外资并购也更加活跃，包括拉法基并购双马、鼎辉联合高盛并购双汇及未成功的凯雷收购徐工等。2005 年成为中国外资并购进入蓬勃发展的一年，尤其在金融领域。苏格兰皇家银行耗资 31 亿美元收购中国银行 10%股权；美洲银行和新加坡淡马锡分别以 25 亿和 14 亿美元入股建设银行；汇丰保险斥资 81.04 亿港元收购平安保险 9.91%股权；瑞银出资 17 亿元人民币收购北京证券 20%股份；而中行和淡马锡完成了购股 5%的股权交易，投资额为 15.2 亿美元。

2006 年 1 月出台的《外国投资者对上市公司战略投资管理办法》，允许外国战略投资者进入 A 股市场实行外资并购。中国的外资并购迎来了新高潮。本阶段外资并购无论从规模还是增速均达到前所未有的高度。2006 年中国外资并购额达到 113 亿美元的顶峰，占 FDI 比重达到15.5%。[①]

（3）中国外资并购的调整发展阶段：2006 年以来

本阶段自 2006 年中国外资并购达到高峰后，2007 年外资并购交易额与占 FDI 比重均出现下滑。始于 2008 年的国际金融危机使全球跨国并购大幅下降，直至 2010 年才开始复苏。而中国的外资并购则率先从 2009 年开始强劲回升。2009 年中国外资并购额达 109 亿美元，比 2008 年增长了一倍，占当年 FDI 11.5%。

---

① 外资并购金额与其占 FDI 比重均根据 UNCTAD 公布数据计算。

（二）中国在全球跨国并购中的发展态势强劲

近年来，发展中国家的跨国并购案在全球中的比重迅速上升，2009年外资并购比重达 15.6%，海外并购比重达 29.6%。而其中，中国的表现尤为突出。2007 年以来，中国的外资并购与海外并购占全球的比重均呈明显上升趋势（见表 1）。特别是国际金融危机以来，2009 年中国的外资并购率先复苏，而同期印度、俄罗斯的外资并购则继续下滑。从发达国家跨国并购的情况看，国际金融危机后普遍出现深度下滑。

表 1：中国及主要国家外资并购及海外并购（单位：百万美元，%）

	外资并购				海外并购			
	1995～2005 年均	2007	2008	2009	1995～2005 年均	2007	2008	2009
中国	7853	9332	5375	10898	935	-2282	37941	21490
印度	584	4405	10427	6049	612	29083	13482	291
俄罗斯	240	22529	13507	5079	1072	18598	16634	7599
韩国	4473	46	1194	1956	402	8646	3882	6951
日本	6920	16538	9251	-5771	3263	30346	56379	17440
美国	95679	164978	227445	40085	67032	179895	70173	23760
欧盟	179674	527718	250069	116226	192737	537890	306734	89694
发展中国家	40624	100381	104812	39077	25868	144830	105849	73975
发达国家	314185	891896	581394	203530	312623	841714	568041	160785
全球跨国并购	357132	1022725	706543	249732	357132	1022725	706543	249732
中国占全球	2.2	0.9	0.8	4.4	0.3	-0.2	5.4	8.6
发展中国家占全球	11.4	9.8	14.8	15.6	7.2	14.2	15	29.6

数据来源：World Investment Report 2010。

（三）中国外资并购的主要特点

1. 外资并购地区特点

外资在中国的区域性特征基本上与政府对外开放的政策相关联。改

8

革开放初期的中国对外开放的区域只限于几个经济特区和沿海开放城市，那时外资并购也主要集中在沿海城市，特别是珠江三角洲一带，90年代以来，具有更好的经济基础和人力资源基础的长江三角洲成为外商投资的焦点，规模较大和具有重要意义的外资并购多数发生在上海。"西部大开发"战略实施以来，中西部地区加快改革步伐，加强基础设施建设、生态环境建设，大力发展科技教育。预测未来 5 ~ 10 年，投资环境将有较大改善，中西部地区的外资并购比重会相应上升，成为外资并购的新亮点。

2．外资并购收购方特点

由跨国公司母公司主导的对华并购现象突出。加入世贸组织后，中国外资并购的一个重要特征就是以跨国公司母公司为主的系统化并购显著增加。母公司在中国追求的目标是建立主导性的、全国范围的市场地位。在这种目标指导下，母公司直接出面在中国进行大规模的并购活动，重组它们在中国的投资集团体系。参与并购的多是国际著名的大跨国公司、大财团，如日本夏普、三菱电机、美国杜邦、福特、摩托罗拉、德国西门子等。

3．外资并购目标方特点

（1）外资并购的基本着眼点在于并购中国经济效益和发展前景较好的大、中型生产性国有企业。特别是一些行业、地区的"龙头"企业，对于亏损、效益差的大、中型企业一般不予考虑。外资并购经济效益好的大、中型国企可以利用其优势，迅速收回投资。

（2）外资开始形成有计划的、成片的、大规模的并购中国国有企业之势。外资出于挤占乃至垄断中国市场的目的，从过去的分散性、随机性转向有目的的并购同一地区所有企业或不同地区同一行业的骨干企业，呈现从单家并购转向联片并购的趋势。

（3）外资偏向于并购中国上市公司。与非上市公司相比，上市公司的财务透明度高，加上监管部门加大监管力度，上市公司披露的真实性增强，外方可以比较清楚地了解其历年来的经营状况和盈利情况。

（4）跨国公司已经开始将新的合作伙伴锁定在日益成长壮大的中国民营企业身上。目前民营企业在国民经济中的比重越来越大，国际化的欲望强烈，外资并购开始逐步倾向于体制灵活、具有活力的民营企业。

三、中国外资并购相关制度的演进脉络

中国外资并购制度的演进是与国内外资并购的发展以及全球经济发展的大环境息息相关的。外资并购进入中国 20 年来，中国外资并购制度经历了三个阶段。首先是 90 年代中前期的初步探索阶段；其次是 1998 年到 2006 年的逐步发展与培育阶段；第三是 2006 年以来的外资并购制度的鼓励与规范并重阶段。

（一）初步探索阶段

90 年代初期，中国有关并购的政策基本上都是针对国内企业间的并购制定的，没有专门规范跨国并购的法规政策。以市场为取向的社会主义经济体制改革推动了中国外资并购立法的蓬勃发展。为了建立健康、有序的并购市场，规范并购行为，国家先后制定了一系列的相关法律、法规。

此阶段发生的"中策事件"与"北旅事件"造成了一定的负面影响，此后外资并购国有企业可能造成的国有资产流失问题第一次进入管理层的视野。在相关制度还没有建立以前，为了避免类似北旅事件的发生，1995 年 9 月 23 日国务院办公厅转发国务院证券委《关于暂停将上市公司国家股和法人股转让给外商的请示的通知》。《通知》明确规定："在国家有关上市公司国有股和法人股管理办法颁布之前，任何单位一

律不准向外商转让上市公司的国有股和法人股。在国家有关管理办法颁布后，按规定执行。"至此，外资并购国有上市公司被画上了句号，直到 2002 年中国才重新开启外资并购国有企业的大门。

（二）初步发展与培育阶段

1998 年至 2006 年期间，中国的外资并购制度总体趋向宽松。一方面是 1998 年亚洲金融危机后，中国开始注重积极引进外资促进国内经济发展以及制度建设的规范化；另一方面是 2001 年中国加入世界贸易组织后，进一步推进资本市场等全方位的开放，为外资并购创造了更加有利的条件。

1998 年 11 月 1 日，国家经济贸易委员会颁布《关于国有企业利用外商投资进行资产重组的暂行规定》，从国有企业利用外商投资进行资产重组的角度，对外商并购国有企业的遵循原则、审批部门和权限、报批手续、出资方式和时间、使用范围等内容进行了比较全面的规定。1999 年 9 月，对外贸易经济合作部和国家工商行政管理局联合发布《关于外商投资企业合并与分立的规定》，指出公司合并可以采取吸收合并和新设合并两种形式，并对外国投资者的股权比例、审批程序等做了规定。1999 年 8 月国家经贸委颁布《外商收购国有企业的暂行规定》，明确了外商可以参与收购国有企业。2000 年 7 月，对外贸易经济合作部和国家工商行政管理局联合发布《关于外商投资企业境内投资暂行规定》，对外国投资企业在中国境内购买其他企业投资者股权的行为加以规范。自 2000 年起，为了积极应对加入世界贸易组织，中国还对外资企业相关法律进行了修改。

自 2001 年 11 月以来，政府有关部委发布了一系列关于外资并购方面的办法和规定，使得外资并购在政策上的障碍逐渐消除，可操作性明显增加。此前有关外资并购的法律、法规相对较少，远远滞后于外资并购的迫切需求，对外资并购的规制主要适用现行外资法、公司法、证券法等相关法规。国内并购和外资并购的蓬勃发展，促使中国加快外资并购的立法步伐。

2001 年 11 月，外经贸部和证监会联合发布《关于上市公司涉及外商投资有关问题的若干意见》，允许外商投资股份有限公司发行 A 股或 B 股和允许外资非投资公司如产业资本、商业资本通过受让非流通股的形式收购国内上市公司。2002 年 4 月 1 日，中国证监会发布并实施《公开发行证券的公司信息披露编报规则第 17 号——外商投资股份有限公司招股说明书内容与格式特别规定》，使外资发起设立上市公司进入到实际操作阶段。4 月起，依照 WTO 承诺修订的《指导外商投资方向规定》及《外商投资产业指导目录》正式实施。根据新修订的内容，中国在更多领域实现了对外开放，许多以往限制外资进入的产业开始解禁。将 1995 年版《外商投资产业指导目录》中禁止进入的电信、燃气、排供水、城市管网首次列为外商投资领域，增加了 96 条鼓励类，减少限制类项目达 2/3，在新增的鼓励类、限制类项目中，外资也可以通过并购的方式进入。2002 年 6 月，中国证监会颁布《外资参股证券公司设立规则》和《外资参股基金管理公司设立规则》。这两个规则的颁布和实施表明金融业对外开放已成定局。2002 年 8 月 1 日起，开始执行新的《外商投资民用航空业规定》，外商的投资范围扩大到现有的任何一家公共航空运输企业。10 月，证监会发布《上市公司收购管理办法》，其中对上市公司的收购主体不再加以限制，外资将获准收购包括国内 A 股上市公司和非上市公司的国有股和法人股，此《办法》于 12 月 1 日起正式实施。11 月 1 日，中国证券监督管理委员会、财政部、国家经济贸易委员会颁布了《关于向外商转让上市公司国有股和法人股有关问题的通知》；11 月 5 日，中国证券监督管理委员会、中国人民银行联合发布了《合格境外机构投资者境内证券投资管理暂行办法》；11 月 8 日，国家经济贸易委员会、财政部、国家工商行政管理总局、国家外汇管理局公布了《利用外资改组国有企业暂行规定》。2002 年 12 月 30 日，为规范对外商投资企业的管理，外经贸部、国家税务总局、国家工商总局、国家外汇管理局联合制定并发布了《关于加强外商投资企业审批、登记、外汇及税收管理有关问题的通知》。《通知》对外资并购国内企业的相关审批程序和出资缴付期限作出具体规定，并自 2003 年 1 月 1 日起正式施行。

2003 年 1 月 2 日，上述四部委又联合发布了《外国投资者并购境内企业暂行规定》，自 2003 年 4 月 12 日起施行。该《暂行规定》对外资并购的形式、外资并购的原则、审查机构、审查门槛、并购程序作了较为全面的规定，是中国当时最为全面的、专门性的规制外资并购的行政规章，是中国外资并购法律规制的基础。

2005 年中国开始实施股权分置改革，国务院颁布了《国务院国资委关于国有控股上市公司股权分置改革的指导意见》，积极推行国有股和法人股的全流通。

从 2006 年 1 月 1 日开始实行的新《公司法》和《证券法》在与并购相关的问题方面有了新的调整。2006 年 1 月 5 日，商务部、证监会、国税总局、国家工商总局、国家外汇管理局五部委联合发布《外国投资者对上市公司战略投资管理办法》，规范了外国投资者对已完成股改的上市公司和股改后新上市公司，通过具有一定规模的中长期战略性并购投资，取得该公司 A 股股份的行为。该《办法》于 2006 年 1 月 31 日起施行，是规范外国投资者战略并购国内 A 股上市公司的重要举措。在未来相对长的时期内，外资并购将成为 A 股市场的持续热点。

（三）鼓励与规范并重阶段

2006 年一系列重大的收购引发了广泛争议。如美国凯雷着手并购徐工、法国 SEB 收购苏泊尔等外资并购事件。这些事件引发了政府与公众对国家产业安全的担忧。其后中国外资并购相关政策出现了一定调整。美国凯雷并购徐工事件中，起初美国私人股本投资公司凯雷与徐工集团工程机械有限公司签订出售控股权的协议，凯雷将以 3.75 亿美元

（约合 30 亿元人民币）取得徐工集团 85% 的股权。然而，因为国内企业三一集团竞购徐工，三一集团总裁向文波通过个人博客提出国家战略产业不可以被外资控制、不可贱卖的论调，迅速引起公众、学者、投资者的大讨论。经济权利的民族主义情绪迅速升腾，不仅导致凯雷徐工的交易迟迟不能获批，而且引起政府重新规范外资并购，对战略性行业的并购加强审核监管。

本阶段中国外资政策趋于更加理性，从"引资"转向"选资"。《利用外资"十一五"规划》对外资并购给出了明确性的指导意见，提出"加强对外资并购涉及国家安全的敏感行业重点企业的审查和监管，确保对关系国家安全和国计民生的战略行业、重点企业的控制力和发展主导权。"

2006 年 9 月，商务部、国资委、国家税务总局、国家工商总局、证监会和国家外汇管理局联合颁布了《关于外国投资者并购境内企业的规定》。其中对投资者的要求、国家经济安全和民族产业的保护、股权并购等方面进行了修订和完善，加强了对于外资并购可能造成的垄断以及产业安全威胁等方面审查的要求。2003 年《外国投资者并购境内企业暂行规定》只有 26 条，新规定中则发展成为 5 章 61 条，内容得到很大扩充。这表明中国的外资并购法规在总结经验教训的基础上正在趋向完善。新规定对反垄断进行了详细的规定，将反垄断作为一个重要内容看待。新规定将反垄断审查单独作为一章，专门提出对于外国投资者并购涉及市场份额巨大，或存在严重影响市场竞争等重要因素的，应就所涉及情形向商务部和国家工商行政管理总局报告，由上述机构决定是否批准并购。

2007 年 8 月，《中华人民共和国反垄断法》通过，标志着中国外资并购制度建设进一步迈向法制化轨道。同年，国家发展改革委与商务部联合颁布了新版的《外商投资产业指导目录（2007 年修订）》。通过以上政策制度的规定与完善，中国对外资并购本土企业出现的新问题做了及时调整与规制，有利于中国外资并购市场的健康发展。

　　配合 2008 年 8 月 1 日《反垄断法》的实施，为保证《关于外国投资者并购境内企业的规定》与《反垄断法》和《国务院关于经营者集中申报标准的规定》相一致，2009 年商务部对《关于外国投资者并购境内企业的规定》作出进一步修改，删除第五章"反垄断审查"，在"附则"中新增一条作为第五十一条，表述为："依据《反垄断法》的规定，外国投资者并购境内企业达到《国务院关于经营者集中申报标准的规定》规定的申报标准的，应当事先向商务部申报，未申报不得实施交易。"

　　进入 2010 年以来，在外资并购的制度建设方面中国继续采取鼓励与规范并重的态度。2010 年 4 月，发布了《国务院关于进一步做好利用外资工作的若干意见》，明确提出鼓励外资以参股、并购等方式参与国内企业改组改造和兼并重组，支持 A 股上市公司引入境内外战略投资者；同时也提出规范外资参与境内证券投资和企业并购，依法实施反垄断审查，并加快建立外资并购安全审查制度。

　　2011 年 2 月，国务院办公厅发布了《关于建立外国投资者并购境内企业安全审查制度的通知》，就建立外国投资者并购境内企业安全审查制度作出了指引性规定。《通知》将并购安全审查的范围做了比较宽泛的规定，界定为：外国投资者并购境内军工及军工配套企业，重点、敏感军事设施周边企业，以及关系国防安全的其他单位；外国投资者并购境内关系国家安全的重要农产品、重要能源和资源、重要基础设施、重要运输服务、关键技术、重大装备制造等企业，且实际控制权可能被外国投资者取得。3 月，商务部根据该《通知》拟定了《实施外国投资者并购境内企业安全审查制度有关事项的暂行规定》，并就其向社会广泛征询意见。2011 年 8 月，经过修订与完善，公布了《商务部实施外国投资者并购境内企业安全审查制度的规定》，自 2011 年 9 月 1 日起实施。

　　自此中国建立了对于外资并购的安全审查制度与反垄断审查制度，

这两项制度对于外资并购的规范将起到举足轻重的作用。

四、外资并购对国家安全的影响

外商投资者对中国境内企业的并购，在带来资金、技术、人才和先进的管理经验，改善境内企业治理机制，增强活力和竞争实力的同时，也对中国的国家安全产生了一定的负面影响。我们应当采取适当的应对之策，减轻外资并购的负面影响，将鼓励外资并购与确保国家安全作为国家的长远战略。

（一）外资并购的主要动机

由于外商并购的战略目标与中国政府的战略目标并不一致，外商并购国企的根本目的在于获取更多的投资利润甚至是垄断利润。外国投资者实行并购的主观目的不可能是帮助国有企业脱困和转制，而是为了占有在中国的市场份额、营销渠道或与其关联配套企业开展合作。因此，外资并购就不可避免地带来一些问题，甚至对中国的国家安全构成不利影响。

外商投资者在中国所实施的一系列并购行动，往往出于以下动机：1. 分享中国行业增长带来的利润。例如外资兴趣浓厚的装备制造业，据中商情报网数据显示，装备制造业占全国工业各项经济指标的比重高达20%以上。其产品出口额占全国外贸出口总额的比重也高达25.46%。装备制造业是带动经济快速增长的发动机。外资并购装备制造业的国企，诸如徐工、柳工等企业，就等于掌握全行业的利润流。2. 扩大中国消费品市场的占有率，收购国内有成熟销售网络的公司。3. 出于消灭竞争对手，推广其自有品牌战略布局。4. 因全球产业战略转移，寻找原材料生产地，而进行纵向并购。5. 由于土地资源的制约，导致外商采取并购的方式投资。

（二）国家安全的界定

国家安全是国家生存、稳定和发展的前提条件，是维护和巩固国家政权的首要问题。国家安全的概念和内容也随着世界经济、政治、军事、文化、科技等方面客观条件的发展变化而发展变化。国家在最初形成时就已经存在的国家安全"原生内容"，包括国民安全、经济安全、领土安全、主权安全、政治安全、军事安全等。后来在社会发展的过程中，又陆续出现了文化安全、科技安全、生态安全、信息安全等"派生内容"。

国家经济安全是指一国最为根本的经济利益不受伤害。具体内容包括：一国经济在整体上的主权独立、基础稳固、健康运行、稳健增长、持续发展；在国际经济生活中具有一定的自主性、自卫力和竞争力，不会因为某些问题的深化而使整个经济受到过大的打击和（或）损失过多的国民经济利益；能够避免或化解可能发生的局部性或全局性经济危机。

当前经济全球化、市场化、自由化成为世界经济发展的大趋势，在此背景下，国家经济安全的内涵也在不断发展。2001年加入世界贸易组织后，中国的对外开放进入了一个新的时期，同时也为国家经济安全的维护带来了新的任务。在世界经济一体化的浪潮中以及入世后面临的新环境下，国家经济安全的内涵除了原有的国家经济利益不受损害和威胁、经济发展基础和环境不受破坏、经济制度得到保障，以及经济命脉和主导产业不受或少受风险外，还应当包括中国国际竞争能力的维护和不断提高，就是说中国入世后国际竞争地位、国际市场的利益保护也应当是国家经济安全的重要内容。

应当注意的是，在更加开放的市场环境中，会出现更复杂的危害中国经济安全的因素：（1）外部资金或金融手段对中国银行及金融体系的冲击；（2）对中国高精尖技术成果和其他重要技术的获取；（3）国际贸易中损害中方利益的非正当竞争；（4）违反 WTO 原则的不公正贸易措施等。

（三）产业安全成为国家经济安全的重要组成部分

张碧琼指出，"国家产业安全问题最主要是由于外商直接投资产生的，指的是外商利用其资本、技术、管理、营销等方面的优势，通过合资、并购等方式控制国内企业，甚至控制某重要产业，由此对国家经济构成威胁"。本文认为产业安全的主要内涵是国家对其重要产业拥有自主权、控制权和发展权，特别是保护这些产业具有竞争力，能够应对各种生存与发展威胁，从而保证本国产业权益免受危害的状态。而产业安全受到威胁的明显标志是产业生存和发展相应的自主权和控制权的丧失。

一个国家产业的安全程度，从根本上取决于该国对产业的控制程度。在一个产业中，当外资企业的控制力大于本国企业的控制力时，该产业就有可能是不安全的。首先，外资可利用其优势产品和垄断地位操纵市场，左右价格，获取高额利润，从而将大量财富转移至国外。其次，外资市场控制率的提高意味着民族经济生存空间的相对缩小，对中国而言，如果发生西方跨国公司对中国企业的大量并购，势必对民族经济的成长与发展形成遏制，影响中国经济的自立能力，特别是在能源、基本原材料、交通等基础产业和金融、流通等关键行业，外资市场控制率过高，将对中国的经济安全构成不可忽视的威胁。最后，由于西方跨国公司技术优势的挤压，会妨碍民族产业的技术进步和结构优化，使之在重要产品和关键技术上有可能长期受制于它们。如果中国的一些关键装备部门如轴承、齿轮的骨干企业被外资并购，甚至还有可能对中国的国防安全产生不利影响。

而外资并购对于产业安全带来的一个突出的负面效应，就在于它很容易形成外资垄断，削弱中国产业及其对市场的控制力。近年来，外国跨国公司在中国某些产业形成的垄断现象已相当突出。如果外资通过收购获得垄断地位的市场份额，或者收购与之竞争的市场领先企业，将导致外国跨国公司在当地市场份额迅速扩大并形成垄断，包括制定垄断价格，操纵市场竞争，损害消费者利益等现象都可能发生。外资通过并购控制中国市场，将会对民族经济的发展和国家经济安全带来不利影响。

五、美国外资并购安全审查制度对中国的借鉴

（一）美国国家安全审查标准的发展演变

1.《埃克森—弗罗里奥修正案》

《埃克森—弗罗里奥修正案》首次确立了美国的外资并购安全审查制度。1988 年，为了应对外国企业主要是日本企业的大范围并购，美国国会通过了修正《1950 年国防生产法案》（Defense Production Act of 1950）第 721 条的《埃克森—弗罗里奥修正案》（the Exon-Florio Amendment），该法于 1988 年 8 月 23 日生效，成为美国规制外资并购、保护国家安全的基本法。其核心内容是授权美国总统可以采取任何适当的措施，中止或禁止任何被认为威胁美国国家安全的外国收购、并购或接管从事州际贸易的美国公司的行为。该法案具体规定了美国外国投资委员会与总统在判断外资并购美国企业是否影响国家安全应当考虑的五个因素：

（1）国内生产需要满足将来国防需求；

（2）国内产业用以满足国防需求的能力，包括人力资源、产品、技术、材料及其他供给和服务；

（3）外国公民对国内产业和商业活动的控制及其对满足国防需求能力所带来的影响；

（4）向支持恐怖主义或者扩散导弹技术或化学与生物武器的国家销售军用物资、设备或技术的潜在影响；

（5）交易对美国技术领导地位潜在的影响害及美国国家安全。

从上述《埃克森—弗罗里奥修正案》的主要内容来看，当时美国外资并购安全审查制度的核心内容是确保国防安全。

2.《伯德修正案》

1992 年国会通过了《伯德修正案》（the Byrd Amendment），该修正案修正了《埃克森—弗罗里奥条款》，增加了两条新的内容，即对以下两种情况实施调查："如果收购方是由外国政府控制或者代表外国政府"与"收购可能导致在美国从事州际贸易的人受到控制并可能影响美国国家安全"。新增加的规定主要是防止具有外国政府背景的企业并购美国基础企业或敏感企业以致影响美国安全，给以国家控制甚至参股的企业并购美国企业设置了障碍。

3.《2007 年外国投资与国家安全法》

2007 年 6 月 26 日由美国总统布什正式签署《2007 年外国投资与国家安全法》（the Foreign Investment and National Security Act of 2007，即 FINSA），作为原《埃克森—弗罗里奥修正案》的第四次修订，进一步增加了对外国投资安全审查方面的新的要求。

FINSA 扩充了"国家安全"概念的范围，对国家安全的界定比较宽泛，为具体审查制度的展开留下充分的活动空间。FINSA 增加了对所有涉及重要基础设施（包括能源资产）和核心技术的交易进行国家安全审查的要求，加强了对所有受到外国政府控制企业所从事交易的国家安全审查。该法第 207 条规定，重要基础设施是指在具体受管辖交易的范畴内，属于被外国投资者所控制公司，且对美国至关重要的实际或虚拟的系统或资产，此类系统或资产如被破坏或摧毁将危及美国的国家安全。法案还明确了外国投资委员会（CFIUS），特别是国土安全部在保护重要基础设施方面的职责。该法第 208 条规定，核心技术是指：a.《国际武器贸易条例》所含《美国军火清单》中所列国防装备或国防服务；b. 受多边框架管制（例如出于国家安全、生化武器扩散、核不扩散或导弹技术等原因）或出于地区稳定或侦听原因受到管制，被列入《美国出口管制条例》《商品管制清单》中的物项；c.《外国能源活动协助条例》及《核装备和核材料进出口条例》中所列核装备、核设施以及核材料、软件和技术；d.《受管制生化品条例》所列受管制生化品。

纵观美国外资并购安全审查制度中"国家安全"概念的发展变化，可以发现其由最初的仅关注国防安全逐步扩大范围，发展到包括国防安全与经济安全并重，尤其对产业安全的关注显著上升。美国之所以将单一的国防安全观，转变为国防安全与经济安全并重的理念，其主要原因是近 20 年来，以产业竞争为中心的各国综合国力的较量越来越为激烈，经济全球化的负面影响开始显现，南北矛盾日益加重，一国经济安全，特别是产业安全已成为世界各国国家安全的关注焦点。可以说 21 世纪的今天，各国国家安全的重心已从单一的、传统意义上的国防安全转变为国防安全与经济安全并重的理念。

（二）外国投资委员会（CFIUS）是美国安全审查制度的审查机构

自 1975 年以来，美国逐渐形成了由 CFIUS 及其成员的审查和调查程序、总统采取行动权的一套完整的外资国家安全审查体系。2007 年新法案进一步确定 CFIUS 主席由美国财政部长担任，秘书处设在财政部国际投资局，该局牵头负责委员会的日常事务工作。成员包括司法部长、国土安全部长、商务部长、国防部长、国务卿、能源部长等，总统也可视情况指派其他部门领导参与外国投资委员会。各部门从各自职能的角度负责审视有关并购。2007 年新法案增加了能源部、劳工部和国家情报局等三个 CFIUS 新成员。能源部和劳工部的加入意味着涉及美国能源等战略资产的外资并购案将受到特别关注，并购美国企业将导致的美国国内就业问题也会纳入审查的范围。新法案进一步明确 CFIUS 各成员的职责，增设牵头机构（Lead Agency），即由委员会主席指定、代表委员会对特定目标活动行使主要职权的部门，牵头机构负责个案审查，谈判并监督缓冲协议（Mitigation Agreements）的实施。[①]

此外，新法案把过去国会对 CFIUS 的不定期监督变为了定期监督，同时加强了 CFIUS 对国会的信息披露。FINSA 要求 CFIUS 应在所有审查和调查程序结束后向国会提供书面报告，还应向国会提交详尽的年度报告，汇报之前 12 个月内已审查或调查的交易的相关信息，包括对有关外国直接投资、核心技术以及来自特定国家的投资的分析。收到通知（Notice）和报告（Annual Report）的国会高级成员可以对相关交易或缓冲协议的实施情况进行质询。

（三）对中国外资并购安全审查制度的启发

1. 关于审查机构

2011 年 2 月发布的《国务院办公厅关于建立外国投资者并购境内企业安全审查制度的通知》第四条规定了并购安全审查工作机制，内容包括：（1）建立外国投资者并购境内企业安全审查部际联席会议（以下简称联席会议）制度，具体承担并购安全审查工作。（2）联席会议在国务院领导下，由发展改革委、商务部牵头，根据外资并购所涉及的行业和领域，会同相关部门开展并购安全审查。(3) 联席会议的主要职责是：分析外国投资者并购境内企业对国家安全的影响；研究、协调外国投资者并购境内企业安全审查工作中的重大问题；对需要进行安全审查的外

---

① 漆彤：《美国外资并购安全审查制度的最新发展及其借鉴》，《河南省政法管理干部学院学报》2009 年第 2 期。

国投资者并购境内企业交易进行安全审查并作出决定。

中国建立了部际联席会议制度，由其承担并购安全审查工作，并由国务院领导。但该规定仍未明确该会议的主席以及除发展改革委、商务部之外的其他参与的相关部门具体是哪些，是相对固定，还是根据不同案件会随机变化。参考美国外国投资委员会的制度安排，中国的外国投资者并购境内企业安全审查部际联席会议，也应尽量明确其组成成员和各自的职权分配。针对个案的具体情况，确定不同成员并由特定机构牵头负责的做法不失为一种合理的模式。

目前中国尚未就并购安全审查工作的监督制度作出明确规定。未来应进一步明确全国人民代表大会常务委员会在外资并购国家安全审查方面进行监督检查的职责，建立审查机构对全国人大常委会的通报制度，赋予全国人大常委会接受、质询报告的权力，甚至进一步考虑是否赋予其对特定案件的最终否决权。

2．关于审查范围

《国务院办公厅关于建立外国投资者并购境内企业安全审查制度的通知》第一条规定了并购安全审查的范围，即包括两大类内容：

（一）外国投资者并购境内军工及军工配套企业，重点、敏感军事设施周边企业，以及关系国防安全的其他单位；

（二）外国投资者并购境内关系国家安全的重要农产品、重要能源和资源、重要基础设施、重要运输服务、关键技术、重大装备制造等企业，且实际控制权可能被外国投资者取得。

可以看出，中国外资并购安全审查制度的范围包涵两个重点，一是以军工企业为主体的涉及国防安全的领域，另一个则是涉及重要农产品、重要能源和资源等六个方面，并且可能被外国投资者取得实际控制权的重点领域。目前中国的审查制度是以国防安全、国家经济安全、国家技术安全为核心构建的国家安全为衡量标准的。在这方面与美国的安全审查制度是比较一致的。但相比较而言，中国关于审查范围的规定仍比较简单。对于"重要农产品、重要能源和资源、重要基础设施、重要运输服务、关键技术、重大装备制造业"等仅提出了概念，没有作出定性的解释。而美国的相关法律中，对于"重要基础设施"、"核心技术"等概念都进行了界定。在未来中国并购安全审查制度的完善与细化中应对以上重要概念进行一定的界定与解释，使中国并购安全审查范围进一步清晰。

六、完善中国外资并购制度的相关建议

当前全球跨国并购进入发展的活跃期，而中国出于自身经济发展的需要也已将外资并购作为经济重组和引进外资的重要内容。无论是从国际环境还是国内背景来看，建立中国完善的外资并购制度体系都有非常重要的现实意义。但是实际情况是，与西方发达国家完善的制度体系相比，中国外资并购相关法律制度还处于起步阶段，至今还没有一部统一的《外资并购法》。

（一）外资并购安全审查制度是处于顶层的审查机制，应纳入《外资并购法》

外资并购安全审查制度是世界通行的惯例。西方发达国家是外资并购安全审查制度的"先行者"，美国、加拿大、澳大利亚等国家早已通过立法、设置专门机构，建立了各自对外资并购进行安全审查的完整机制。凡涉及国家安全问题的外资并购应首先接受国家安全审查，这应当是顶层审查制度。

当前中国虽然已经建立了初步的外资并购安全审查制度，但仍然存在立法缺位。《国务院办公厅关于建立外国投资者并购境内企业安全审查制度的通知》，以及 2011 年 8 月发布的《商务部实施外国投资者并购境内企业安全审查制度的规定》是中国外资并购安全审查制度的依据，后者可理解为前者的操作细则。

相对于规范外资并购国家安全审查这样一个全国至高性的机制，以上两项文件仅为规章，不属于法律，制度层级较低。而外资并购国家安全审查应通过科学、严格、周密的程序来保障和实现国家安全。在中国现行的外资并购审查和监管制度中，并没有专门针对国家安全审查的法律制度。规章层级的制度规范力、执行力与威慑力均显不足。

《外资并购法》的缺失使中国的外资并购规制失去了纲领性的法律依据，使外资并购方面的若干基本问题无法达成一致的认识，应将外资并购安全审查制度纳入《外资并购法》，作为外资并购的顶层审查机制。

《外资并购法》相关规定中须明确外资并购安全审查制度的执法审查主体，建立中国外商投资国家安全委员会，集中行使审查权，保障国家安全审查制度的有效执行。应明确外商投资国家安全委员会的主席与副主席以及各部门成员。同时确立外资并购安全审查制度的立案、审查、调查、决定等审查程序。在安全审查制度的设计上与现有的《国务院办公厅关于建立外国投资者并购境内企业安全审查制度的通知》，以及《商务部实施外国投资者并购境内企业安全审查制度的规定》中的内容相衔接，必要时可出台相关《实施细则》进行补充，以构建中国完善的、高层次的外资并购安全审查制度。

（二）进一步细化《反垄断法》相关规定，完善外资并购的反垄断审查

反垄断审查是外资并购需符合的另一项重要审查。反垄断目的是维护市场公平竞争机制、保护消费者权益。反垄断审查与国家安全审查行政执法主体各自独立执法、互不从属、互不干涉。一项外资并购构成垄断，可能但不一定构成危害国家安全；同样外资并购构成危害国家安

全，可能但不一定构成垄断。相对而言国家安全涉及国家利益中的最高层次，所以其具有更大的灵活性、威慑性、高效性。

中国《反垄断法》在市场集中度的评估方面，近期内应该继续完善和细化已经采用的市场份额判断方法。但最终，当执法机关具备相关的经济分析基础后，应当考虑采用赫尔芬达尔指数进行判断，同时将赫尔芬达尔指数方法作为前者不能实现时的补充选择。总体上看，中国目前从并购企业的市场份额出发，防止企业并购后拥有的市场份额过大和出现市场集中度过高的情况是合适的。但是从长远来看，尤其是随着市场的完善和统计事业、信息产业的进步，采用赫尔芬达尔指数更为精确，更能反映市场的集中度。在外资并购的反垄断规制领域，中国可参照美国的做法，颁布《外资并购反垄断指南》作为反垄断审查机关的法律依据。

（三）完善外资并购国有企业的相关制度

在中国的外资并购法律体系中，外资并购国有企业是最具特殊性的问题，这是由中国的历史上的经济体制形成的。目前利用外资并购的方式对国有企业进行重组改造已经成为中国经济体制改革的组成部分，在这样的背景下立法部门采取了制定特别规章对外资并购国有企业特有的问题进行单独规定的方法，这在现有条件下不失为一种权宜之计，有利于我们针对性地解决外资并购国有企业的特殊法律问题，比如国有产权转让的问题、职工安置与补偿问题等。但从长远看，这种方式毕竟是一种过渡的选择，它不利于建立中国完善统一的《外资并购法》，更容易引起法律规定上的混乱和冲突。因此，在未来对不同所有制形式的企业适用统一的《外资并购法》是我们的终极目标。

（四）构建统一的《外资并购法》

构建中国统一完善的外资并购法律体系不仅是必要的而且也是可能的。从中国的相关法律规章看，虽然目前还没有一部关于外资并购的基本法律，但是近年来国家各部委围绕外资并购问题相继出台了多部部门规章。这些规章基本上涵盖了外资并购中国企业各方面的法律问题。2006 年新修订的《公司法》《证券法》，以及 2009 年《反垄断法》的实施进一步促进了外资并购在中国的规范发展，同时也充实了与外资并购相关的制度。虽然从规制外资并购的法律内容上看，以上的法律规章已经基本上涉及了，但由于各个法律文件出台的背景不同，各个立法部门所持的立场不同，不同时期出台的法律规章所面临的经济环境也不同，导致各个法律文件之间难免会出现冲突和矛盾之处，这给外资并购的制度建设造成了障碍。本书从各部门法的角度对有关外资并购的问题展开论述，就是希望能在具体法律问题上协调冲突和矛盾，形成相对统一的制度，从而推进外资并购制度体系的逐步完善。未来在现有立法的基础上制定统一的外资并购法，解决法律规章中的冲突应当是最好的选择。相信随着中国外资并购法律实践的进一步发展，必然会逐步形成完整统一的外资并购立法。

第一章　外资并购概论

外资并购是国际直接投资的高级形式，是跨国并购①的一种表现。根据并购行为所涉及的范围是在一国之内还是跨越国境，企业并购可以分为国内并购和跨国并购。跨国并购是两个以上国家的企业间并购的总称，跨国并购分为外资并购和海外并购两个流向。通过跨国公司或境外投资者并购东道国企业，对东道国来说就是外资并购。本书的研究从跨国并购的含义入手。

一、跨国并购概述

跨国并购英文为（Cross-border Mergers &Acquisitions）或（Transnational M&A），又称为跨境并购或国际并购，是由企业国内并购发展而来。由于跨国并购涉及两个或两个以上国家的企业及其在国际间的经济活动，因而，它的内涵及其对经济发展的影响也与一般的企业国内并购有所不同。除了具有国内并购的基本含义外，还具有一些与国内并购所不同的特点。

跨国并购的基本含义是，一国企业为了某种目的，通过一定的渠

---

① 外资并购是跨国并购的一种表现形式，通过跨国公司或境外投资者并购东道国企业，对东道国来说就是外资并购。因而本书论述中提及的跨国并购与外资并购内涵是相同的。

道和支付手段，将另一国企业的整个资产或足以行使经营控制权的股份收买下来。跨国并购是国内企业并购的延伸，即跨越国界，涉及两个以上国家的企业，两个以上国家的市场和两个以上国家的法律制度的并购。

跨国并购涉及两个或两个以上国家的企业，"一国企业"是并购发出企业或并购企业，"另一国企业"是被并购企业，也叫目标企业。这里所说的渠道，包括并购企业直接向目标企业投资，或通过目标国所在地的子公司进行并购两种形式。这里所指的支付手段，包括支付现金、从金融机构贷款、以股换股（stock for stock）和发债等方式。

（一）跨国兼并与跨国收购

跨国并购可以分为两大类：跨国兼并（Cross-border Mergers）和跨国收购（Cross-border Acquisitions）。

跨国兼并是指在当地或国外企业的资产或运营活动被融入一个新的实体或并入已经存在的企业。跨国兼并又分为两种类型：跨国合并和跨国吸收兼并。

跨国合并（Cross-border Consolidation），或者翻译为跨国新设兼并或跨国平等合并，是企业创立兼并的延伸。这种合并是指两个公司并为一体，并不存在谁吃掉谁的问题，也没有被兼并方和兼并方的区别。并购后，原来的两个企业的法律实体地位都不存在了，而是产生一个新的企业，以新的名称取而代之。这种并购一般采取换股收购[①]的方式

---

① 换股收购，即以股票作为收购的支付手段，由收购者将本身股票当做价金付给目标公司股东以完成收购的方式。根据换股方式的不同又可以分为增资换股、库藏股换股、母公司与子公司交叉换股等等，比较常见的是收购企业通过发行新股或是从原股东手中回购股票来实现融资。换股收购不仅比现金并购方式节约交易成本，而且在财务上可合理避税和产生股票预期增长效应。从税收角度看，收购方支付股票应该比现金更受卖方欢迎。一般若是现金，则必须在当年度就申报所得进行纳税；而若以股票支付，卖方唯有在出售时，方需对利得加以课税，因而在税收上对卖方较有利。

进行。1998 年，英国石油公司和美国阿莫科公司平等并购后，双方的法律实体地位都不存在了，而一新的公司名称英国石油－阿莫科公司（BP-Amoco）取而代之。1998 年，德国戴姆乐－奔驰和美国的克莱斯勒的合并也是这样。双方实行平等合并，合并后的公司名称为戴姆乐－克莱斯勒公司。采取这种形式对那些特大型的、双方实力相当的跨国合并具有很大的吸引力。如果一方为兼并方另一方为被兼并方的话，很可能会受到来自各方的压力。尤其是被兼并方的国家的压力，民族主义的情绪很可能会导致这种交易失败。

跨国吸收兼并则是企业吸收兼并的延伸，它有兼并方和被兼并方公司（目标公司）。兼并方公司存续下来，被并方则丧失了法律上的实体地位。并购后，兼并方承担被并方的债权和债务。被并方实质上成为了兼并方的一个子公司。这种并购多出现在实力相差悬殊的并购交易中。这样的跨国并购案例有日本烟草公司在 1999 年兼并 RJ 雷诺国际（RJ Reynolds International）和沃马特公司 1999 年兼并 ASDA 集团。

跨国收购是指在已经存在的当地和外国附属企业获得占有控制权的份额。对这里的控制权各国有不同的理解。在中国一般认为，在一家公司中，占有 51% 的股权才有控制权。但对跨国收购来说，多数情况下获得 50% 以下的股权也可以获得实际上的控制权，有时甚至只要获得了 10% 以上的股权就完成跨国收购。

当然，并非所有获得了 10% 以上的股权的投资都是跨国收购；跨国收购是以获得企业控制权为目的的投资行为。不以获得控制权为目的的投资，比如资产组合投资，这种投资是以获得金融性收益为目的的。由于竞争性企业所面临的机遇变化在各企业和各国之间是互不相同的。投资者总是希望通过使自己的资产组合多样化，来获得理想的预期平均收益，从而减少投资风险。这样的投资就不属于跨国收购。

站在一国的角度上，跨国并购既包括该国接受外国投资者的并购，也包括本国投资者的境外并购活动，应当是双向的。外资并购是指并购方来自东道国以外的其他国家或并购方的资产被实际控制在东道国以外的其他国家的国民手中的并购。因此，从东道国的角度出发，即作为接受外来投资的国家，跨国并购与外资并购的含义是相同的。可以说是对跨国并购的一种狭义上的理解。

相应的，从国内法的角度谈跨国并购的法律渊源，也可以区分为东道国法律规范和母国法律规范。东道国法律规范是跨国并购最重要法律渊源，一方面与跨国并购具有最密切联系的行为地通常在东道国境内；另一方面对于跨国并购行为引起的法律纠纷，当事人在程序上必须遵循"用尽当地救济"原则，首先在东道国管辖内按东道国法律寻求救济。而母国法律规范通常有两种表现形式：一是母国的海外投资法，包括各种鼓励、限制、保护本国企业进行海外直接投资（跨国并购）的法律制度；二是母国的竞争法审查，这主要是当一项跨国并购对母国或第三国市场竞争构成威胁时，可能对该国国民或国家利益造成危害时而采取的一种法律救济措施。这也正是美国等一些国家主张本国竞争法有域外效力的原因，即"效果原则"。

本文采取上面提到的对跨国并购的狭义理解，即主要从东道国角度分析跨国并购的相关法律问题，因此本文中出现的"跨国并购"，也就是指"外资并购"。

虽然从理论上讲，跨国并购包括跨国兼并和跨国收购两种形式，但从法律形式上看，主要是跨国收购而不是跨国兼并。跨国收购的目的和最终结果不是改变法人的数量，而是改变被收购企业的产权归属或经营管理权归属。被收购公司的法律实体地位还存在。而在跨国兼并中，被兼并公司的法律实体地位已不复存在，这意味着两个以上的法人最终变成一个法人，不是母国企业的消失，就是东道国企业的消失。

在跨国并购中，真正意义上的跨国兼并在整个跨国并购中的比例是很低的，尽管有些跨国并购从名义上看是跨国兼并。大多数的跨国并购属于跨国收购，其可能的原因是：这种不改变被并方法律实体的形式使得被并购公司继续属于东道国，因而在东道国纳税；从民族感情的角度来看，这种方式更易为东道国所接受；兼并方也可以减少风险，只需以出资额对子公司负有限责任，符合了跨国公司本土化的要求。

（二）跨国并购的法律性质

跨国并购是一种涉及国内、国外因素的极为复杂的国际投资行为，从本质上说是一种企业产权有偿转让的民事法律行为，所反映的是企业与企业之间控制与反控制的关系。跨国并购的客体是目标企业的所有权或经营权，并购的结果是产生跨越国界的公司企业的兼并或控制，从而将目标企业直接或间接地纳入自身所属企业的控制之下。跨国并购是法律层面影响和调整极广的的法律行为，可能涉及银行法、公司法、劳动法、社会保障法、反垄断法、民诉法、国际私法等，包括多种法律关系，如民事法律关系、经济法律关系、诉讼法律关系以及行政、刑事法律关系、国际投资法律关系等。

跨国并购从本质上说是公司产权的交易行为，并非一种简单的买卖关系，而是一种在国际范围内的直接投资。国际投资可分为直接投资与间接投资两种。其中，直接投资通常分为三类：一是国外建立新企业；二是扩充现有的海外子公司或分支机构；三是购买国外企业的一定股权或全部资产，即跨国并购。投资者进行跨国并购时，必然按照其所有的一定数量的股权或资产，对其所投资的目标企业的经营管理享有一定的控制权。至于拥有多少股份才能构成直接投资，各国的立法不一样，但多数国家认为持股数必须达到一定比例。中国法律规定，在外商投资企业中外商出资不得低于25%；日本与美国目前均以出资比率10%为基数，出资比率10%以上的投资为直接投资，出资比率10%以下的投资为间接投资。跨国并购并不一定必然形成新的法律实体，但是却必然在市场上形成一个统一的竞争实体。这一点对从反垄断法角度研究跨国并购有着重要的意义。跨国并购的法律性质可以总结为以下几点。

1. 跨国并购的主体

跨国并购的并购方主要是跨国公司，目标公司则是东道国的企业。在跨国并购中并购方与被并购方分别为不同国家的法人实体，这样才由于产生了涉外因素而区别于企业并购[①]。

对中国而言，外资并购是目前跨国并购的主要形式，外资并购的主体只能是外国投资者和国内企业，且外国投资者为并购方，国内企业为被并购方。

根据中国现行法律规定，"外国投资者"的范围包括外国公司、企业、其他经济组织和个人；香港、澳门、台湾地区的公司、企业、其他组织和个人以及在国外居住的中国公民等。

对于作为被并购方的国内企业范围，至目前为止尚无专门的法律规定，而散见于各种法律规章中。如根据1989年国家体改委、财政部、国有资产管理局联合发布的《关于出售国有小型企业产权的暂行办法》中有关"外商、侨商、港澳台同胞购买国有小型企业，除商业企业和国家另有规定外，可参照本暂行办法执行"的规定，国有小型企业可作为外资直接并购对象。又如根据1989年国家体改委、国家计划委员会、财政部、国有资产管理局联合发布的《关于企业兼并的暂行办法》中"企业兼并除国家有特殊规定外，不受地区、所有制、行业和隶属关系的限制"的规定，外国投资者完全可以通过在中国大陆设立的外商投资企业间接并购各种所有制的企业。再如1999年12月国务院发布的《台湾同胞投资保护法实施细则》中"台湾同胞可采用购买国有小型企业或集体企业、私营企业的投资方式"的规定，就已明确台湾地区投资者并购国内企业范围。另外，虽然国家发布的《指导外商投资方向暂行规定》和《外商投资产业指导目录》是围绕绿地投资的市场准入而制定，但当前仍照搬适用于外资并购的市场准入。所以，外资并购国内企业的范围受

---

① 有两种例外将在后文"国内并购还是跨国并购"部分中讨论。

到外资产业政策的规制。而在实践中，外国投资者通过诸如整体收购、合资控股、增资控股、收购 B 股、协议收购国家股与法人股等手段对国内企业开展并购活动，涉及范围非常广泛，甚至常有突破《指导外商投资方向暂行规定》和《外商投资产业指导目录》有关外资市场准入的限制的现象（这主要表现在外国投资者通过在中国境内设立并由其控股的外商投资企业而间接并购国内企业的活动中）。

2．跨国并购的客体是目标企业的控制权

跨国并购的目的是取得目标企业的经营控制权（Property Rights），而将其直接或间接地纳入自身企业的控制之下，充分发挥企业并购的经营协同效应、财务协同效应和市场份额效应等优势，以便最大限度地占领东道国市场，实现其跨国投资的战略目标。产权是跨国并购行为的权利客体，并购方往往通过取得部分或全部目标企业的产权进而达到获得其经营控制权的目的。

（1）产权是跨国并购法律行为的权利客体

产权这一概念，首先是从西方产权经济学中引进的。就企业产权而言，其最初之形态，应当等同于资产的所有权。在市场经济条件下，产权被视为财产权、法人财产权、股权以及经营权等多种权利的集合体。跨国公司通过目标企业的资产、股票、股单的转让行为，对其财产权、股权、经营权等权利的吸收和控制，从而实现资本经营，实行跨国并购。

法人财产权是中国明确规定的企业法人对企业享有的权利，是中国企业产权的基本内容。在中国《公司法》等法律中，明确地规定了法人财产权的概念。《公司法》第三条规定，公司是企业法人，有独立的法人财产，享有法人财产权。公司以其全部财产对公司的债务承担责任。企业法人是由出资人共同出资组建的，当企业依法成为具有法人资格的经济实体后，出资人向企业认缴的全部资本金及企业在经营中所形成的财产构成企业法人财产，企业以这部分财产进行营运并对外承担责任。对出资人来说，以其认缴的出资额为限对企业承担有限责任，不能直接支配或抽回投入企业的资金，这就是企业法人财产权的基础内容。很明显，法人财产权是企业在市场经济条件下从事经营活动和对外取得信用的基础。

法人财产权概念是《公司法》中最先以法律文本形式规定的，主要内容为："公司股东作为出资者按投入公司的资本额享有所有者的资产受益、重大决策和选择管理者等权利"，"公司享有由股东出资形成的全部法人财产权，依法享有民事权利，承担民事责任"。《公司法》的颁布，确立了股权和公司法人财产权这两项基本权利，《公司法》的这一规定，表明中国法律在企业产权定性上创设了新的法律术语——公司（企业）法人财产权，以此界定企业法人与其拥有的财产之间的权利的法律属性。

从法律上讲，中国所有公司制企业，以及国有企业中部分未实行公司制的企业都享有法人财产权，可以成为市场的参与者进行产权交易。所以，以法人财产权界定跨国并购的产权，不但是可行的，而且使并购的产权关系明了，有利于产权交易和资产重组。

（2）从产权角度区分跨国并购的不同形态

首先，跨国兼并是产权交易的一般形态。跨国兼并是法人财产权的转移，法人财产权的客体是全部资产，虽然兼并可以通过证券市场也可以不通过证券市场，但其结果是被吸收公司法人资格消灭，目标方的全部法人财产权以实物形态由目标方转移到兼并方的经营机关掌管，财产权的转移仍限制在实物资产，属产权转移的一般形态。

其次，跨国收购是产权交易的高级化形态。股权的商品化表现为股票的商品化，股票的商品化必然形成证券市场，股票的价格便是资本股份化的价格，通过证券市场价格的波动，反映一个企业股权的需求状况，并促进产权市场的发展，证券市场与产权市场结合以后，灵活的实现公司控制权的转移，可以全部转移，亦可以部分转移，而目标方仍可正常地经营。可见，产权的证券化转移，是较实物化产权转移更高级的形态。

可见，跨国并购包括公司的兼并与收购，标志是能够对目标方施加控制和影响。跨国兼并是指通过使用转移公司法人财产权的方式，将目标公司的全部资产与责任都转为兼并方所有。目标公司不需要经过清算而不复存在，而接受该公司全部资产与责任的兼并方以自己的名义继续运行。跨国收购是指收购方通过购买股票等股权的方式，取得目标公司的控制权或管理权，而目标公司仍然存续而不必消失。

二、外资并购是基于东道国视角的跨国并购

（一）中国外资并购的界定

跨国公司并购东道国企业，在东道国看来就是外资并购。在联合国统计中，跨国并购交易额分为跨国并购出售额和跨国并购购买额[①]。对收购方来说，其统计为跨国并购的购买额；对于出售方来说，则为跨国并购的出售额。因此，跨国并购是双向的，对吸收外资方的东道国而言，是作为跨国并购的出售方存在的。因此，跨国并购对于东道国而言，一般称为外资并购。

中国 2006 年颁布并于 2009 年修订的《关于外国投资者并购境内企业的规定》中，明确外资并购包括股权并购与资产并购两种形式。《规定》称"外国投资者并购境内企业，系指外国投资者购买境内非外商投资企业股东的股权或认购境内公司增资，使该境内公司变更设立为外商

---

① 在联合国统计中，将跨国并购分为出售额统计数据与购买额统计数据。在全球范围内，跨国并购的出售额就是购买额，但对某一个国家而言则是不同的。对具体的国家来说，跨国并购的出售额是跨国公司并购本国企业的金额，即为外资并购金额；而跨国并购的购买额则是本国企业并购他国企业的金额，即为海外并购金额。

投资企业（以下称"股权并购"）；或者，外国投资者设立外商投资企业，并通过该企业协议购买境内企业资产且运营该资产，或外国投资者协议购买境内企业资产，并以该资产投资设立外商投资企业运营该资产（以下称资产并购）。"该《规定》中关于外资并购的调整范围是相对完整的，包括资产并购与股权并购两种方式，并购的目标企业涵盖多种组织形式与所有制形式的境内企业。

本文认为外资并购是各类外国投资者包括跨国公司、境外投资者、外国经济组织或个人通过合法途径，在东道国的资本市场或产权市场上获得东道国国内企业或公司的部分或全部股权，并获得该公司部分或全部控制权的市场交易行为。外资并购主要包括三层含义：一是必须涉及东道国国内目标企业的股权；二是必须获得东道国企业的实际控制权；三是必须发生了控制权的实际转移。

可以看出，中国法规中所界定的外资并购仅指境外投资者对东道国境内企业的并购行为，收购方必须是外国企业，而目标方是中国境内企业。该界定范围中不包括外国企业在中国境内的附属子公司对中国国内企业的并购，属于狭义的界定。

（二）外资并购的类型

作为一种极为复杂的跨国投资行为，外资并购可以按不同划分标准进行如下分类。

1. 按照外资并购目标股权的多少可以分为全面收购、少数股权收购和多数股权收购。

目标股权 10%以上的外资并购包括三种类型：全面收购（100%）、少数股权收购（10%～49%）、多数股权收购（50%～99%）。

全面收购与跨国吸收兼并是十分相似的，唯一的区别在于：全面收购还保存有被收购的公司的法律实体；而跨国吸收兼并则消灭了被收购的公司的法律实体。全面收购后的被并企业成为母公司的全资子公司。在外资并购中，这种全面收购的模式有时可能是很有用的。特别是在那些风险比较大的东道国，它可以将风险控制在一定的限度内。另外，由于全面收购后的子公司是一个具有独立法人资格的经济实体，有时候，可以获得在东道国的融资权利。即使东道国出现什么政治风险，母公司的损失也在可控范围内。

少数股权收购的例子包括美国福特汽车认购"江铃汽车"总股本的20%，法国圣戈班公司持有福耀42%的股份，日本五十铃收购北旅25%的股份。日本的五十铃公司在中国汽车市场上能够占据一席之地，与它的少数持股战略是分不开的。而它的日本大多数同行由于没有实施这一战略，结果到20世纪90年代已被排除到巨大的市场之外，这一市场已基本被欧洲企业所控制。

多数股权收购的案例有中策对中国几十家国有企业的收购。在这些收购中，中策占了51%的股份。多数股权收购中收购方已经完全能够对目标企业实施有效的控制。

在以上三类跨国并购中以全面收购占据绝对优势，约占总跨国并购交易数的65%左右，多数股权收购和少数股权收购所占的比例都在10%～20%之间。这说明了在跨国并购中，跨国公司喜欢追求完全的控制权，这与跨国公司的所有权特定优势有关。为了适应自己所有权优势的潜在利益，跨国公司发现，保持控制力和所有权更为有利。如果它不能保持严格控制，或者将其国外企业的所有权让与其他投资者分享，那么它就可能失去其企业的特殊生产优势。如果一个企业的某些秘密由东道国的合伙人随意获得，那种技术知识就可能被要离去的合伙人或其他人用来与该企业进行竞争。

2．按照外资并购目标企业的来源划分

（1）并购东道国的外国附属企业（包括合资企业）。其主要做法是：

在已经存在的外国合资企业中，外方的母公司增加资本，通过增加资本来稀释另一方的股权，从而获得了更大的控制权。经常发生的情况是，外方由合资参股变为合资控股。由过去的少数股权控制变为多数股权控制。例如，天津 120 家世界 500 强投资的项目中，约有 40%是通过增资扩股实现控股的。上海对 48 家增资的外商投资企业作过统计，其中20 家发生了股权份额的变化，外方股份在增资中比例上升的有 14 家。深圳的中外合资企业，在设立之初，中方与外方的股权比例一般差距不大，在企业发展过程中，外方不断增资扩股，所占股权比例不断增加，目前 500 强在深圳的合资企业中，大多数已经是外方控股企业①。

除了增加资本来获得更大的股份外，有时候，外国投资方还会将合资的企业完全买下来，使其成为自己的独资公司。如联合利华对在中国的合资企业的完全并购。因为中国当地的合资者满足于实现短期目标，与联合利华的长期战略思维形成了冲突。中国实行市场经济的时间还很短，经理们还没有形成注重长远战略的思维方式以促使其进行跨国经营。联合利华想放弃目前收益，为将来进行投资，中方的合资方则习惯于目前的增长速度，不想看到它的红利减少，也不准备更新其信贷记录。结果，联合利华只好被迫买下整个企业以推动企业高速发展。

又如 2006 年 1 月 24 日，国际四大快递巨头之一联邦快递与中国民营物流企业——大田集团签署了收购协议。根据协议，联邦快递以 4 亿美元现金收购大田在双方合资企业——大田－联邦快递有限公司中的50%股份，以及大田集团的国内快递网络。大田－联邦快递有限公司成立于 1999 年，是双方从事国际快递业务的合资企业，也是联邦快递公司在世界上唯一一家合资公司。

对联邦快递来说，民营快递大田的价值在于其覆盖全国 502 个城市的服务网络，这将使联邦快递加速在中国市场的扩张。并购完成后，联

---

① 陈佳贵等：《跨国公司在中国的新动向》，《经济管理》2001 年第 2 期。

邦快递正式迈出独资步伐，还一举获得大田集团所有快递业务，包括目前用于开展国际快递业务的资产和位于国内 89 个地区的经营国内快递业务的资产。此次收购加深了联邦快递在中国市场的参与度，使其可以更加顺利地进入世界上的主要地区①。

（2）并购东道国的本地企业。这是跨国并购最常见的一大类型。其来源有两个，并购当地的非国有企业和并购当地的国有企业。

a. 并购非国有企业

从国际上看，各国外资并购中以东道国本地民营企业为目标的并购是最普遍的类型。从中国来看，外国投资者对于非国有企业的并购也比较积极。2001 年 10 月 22 日，美国电子、电气知名企业爱默生公司与中国通信企业华为公司在香港签约。爱默生公司以 7.5 亿美元（约合 60 亿人民币）的高价收购了华为技术公司下属的民营企业安圣电气有限公司。安圣电气有限公司是电信网络能源解决方案的主要供应商，是一家专业从事电源、变频器、集中监控设备、电力电源、UPS 及相关产品的开发、生产、销售及相关进出口业务的高科技民营企业。

另外根据顺德外经贸部门统计，自 2003 年 4 月份国家放开外资并购境内企业业务以来，顺德已有 20 多家内资企业、民营企业和合资企业通过股权变更设立为合资企业或外商独资企业，并购为顺德引进外来资本上千万美元。外资并购民营企业或收购合作方股权已成为顺德吸引外资的一种新模式②。

b. 并购国有企业

私有化是跨国并购的一个重要来源。二十世纪五六十年代的经济生活中，凯恩斯的国家干预主义确定了其在经济生活中的主流地位，结果是国有大企业在整个国民经济中的地位加强，也促进了国营大型企业在

---

① 《联邦快递 4 亿美元收购大田快递》，《北京日报》2006 年 1 月 25 日。
② 吴少贤：《顺德：并购一年引来外资千万》，《佛山日报》2004 年 7 月 9 日。

经济中的分量上升。国营经济主要集中在交通、运输、航空、通信、能源、国防等部门。但是，到了八十年代和九十年代，西方国家又出现了一股对市场的重新认识的经济哲学思潮。在这种思想的影响下，西方国家对过去的国有化的企业进行大规模的私有化。因而也给了外国公司并购这些国有企业的机会。

另外，在那些过去由国有经济占据主导地位的转轨经济国家，也开始转向市场经济。大量的国有企业陷在产权不清的困境中，也迫切需要将其中相当一部分国有企业私有化。由于国内私人企业家不多，还没有形成强大的购买力，所以需要引入外资，由国外的跨国公司来并购其中一部分企业。在韩国、中东欧国家、拉丁美洲加勒比海地区，这种形式的外资并购占了相当大的比例。中国目前同样需要通过外资并购推动国有企业重组。2006 年 1 月 24 日，比利时英博啤酒集团（Inbev）宣布，以人民币 58.86 亿元（约合 6.14 亿欧元）价格，收购中国福建雪津集团 100% 股权。据双方协议，协议签署之后，英博将先买下雪津 39.48% 国有股。在取得有关政府部门批准后，到 2007 年底前，英博将向雪津集团其他股东收购余下的 60.52% 股份。这是中国啤酒行业迄今最大的并购案，也是外资在中国啤酒市场的最大一笔交易[1]。

3. 按照外资并购双方的行业相互关系划分

从并购双方的行业相互关系划分，外资并购可以分为横向并购（Horizontal M&A）、纵向并购（Vertical M&A）和混合并购（Conglomerate M&A），亦称水平式并购、垂直式并购和复合式并购。

（1）横向并购

横向并购是指生产或销售相同或相似产品的跨国公司或境外投资者对东道国企业的并购。这种并购的目的通常是扩大世界市场的份额或增

---

① 黄汉杰、林银来：《英博啤酒集团 58.86 亿"豪饮"雪津》，《福建之窗》2006 年 1 月 25 日。

加企业的国际竞争和垄断或寡占实力，并购风险较小，并购双方比较容易整合并形成规模经济，实行内部化交易，实现利润增长。横向并购是外资并购中经常采用的形式。但是由于这种并购（尤其是大型跨国公司的并购）容易限制竞争形成垄断局面，许多国家都密切关注并限制这类并购的进行。近年来，横向并购增长十分迅速，主要是因为全球性的重组和行业管制的放松以及经济不断地趋于自由化。通过横向并购，将资源整合，并购后的公司可以获得协同效应。协同效应是指并购后的整体实力大于个体的简单加总实力，即 1+1>2 的效应。除了协同效应之外，还可以获得更大的市场力量。这类横向外资并购出现最多的行业有制药业、石化、汽车制造以及一些服务行业。

（2）纵向并购

纵向并购是指生产相同或相似产品但又处于不同生产阶段的的跨国公司或境外投资者对东道国企业的并购。并购双方一般是原材料供应者和产成品购买者，所以对彼此的生产状况比较熟悉，并购后较容易融合在一起。并购的目的通常是低价扩大原材料供应来源，扩大产品的销路或使用。通过生产链的前向和后向的联系，以此减少不确定性和减少交易成本；另外，由于有更大的规模，还可以从规模经济中获益。零部件供应商和它们的客户之间的并购是纵向外资并购的典型例子。

（3）混合并购

混合并购是指不同行业的跨国公司或境外投资者对东道国企业的并购。这种并购方式同跨国公司的全球发展战略和多元化经营战略密切联系在一起，以减少其在单一行业经营的风险，降低生产成本，增强企业在世界市场上的整体竞争实力。混合外资并购与前两种并购方式的不同之处是，前两种并购的目的往往表现得十分明显，因而容易受到限制，而混合式并购的目的往往是隐蔽的，所以不易为他人发现。杠杆并购就可以归纳在混合并购的范围内。杠杆并购主要是由跨国金融买家参与的。它们发现在股市上一些企业的股票被严重低估，于是这些金融买家通过发行所谓的垃圾债券来筹集大量的资金，用发盘收购的方式将一些价值低估的大企业买下来。然后将其中的一些非核心业务剥离。这些金融买家往往没有自己的核心业务，实施并购目的是通过短期的经营后，再使企业重新上市，获取高的估价，然后再将企业卖掉。在这种情况下，混合并购浪潮在20世纪80年代曾一度十分流行。

这三种形式的并购的重要性是随着时间的推移而不断变化的。从数量来看，横向并购在整个跨国并购交易中占有特殊的地位。根据UNC-TAD的统计数据，横向并购所占的比例一直在50%以上，但也从来没有超过60%。混合并购居于第二位。纵向并购数量在整个跨国并购中占的比例一直很低。横向并购占据重要地位反映了跨国公司的扩张主要是在其占有优势地位的领域，并且无疑是以市场占领作为动机。横向跨国并购加大了市场集中度。

4．从外资并购的动机看，可以分为金融性并购和战略性并购

（1）金融性并购

金融性并购主要包括那些杠杆收购公司（当然并非所有的杠杆收购都是追求短期金融收益的）和那些风险投资公司的收购。银行及非银行金融机构收购非金融公司也属于典型的金融性并购。金融性并购具有投机色彩，基于这种动机的购买者往往采取"搭便车"的形式，多半先出资购买另一国的企业，然后对其稍加整改之后整体或部分的转卖给境外其他买主；或者将其改造包装到海外上市，抛售股票套现，牟取利益。金融资本的这种跨国并购，往往不改变它所拥有的股权企业的管理结构，也不关心企业的长期发展。如中策进行的一系列并购行为就带有很强的金融性并购的色彩。

金融性并购与资产组合投资有一定的相似性。都是以降低单一行业经营的风险、获取金融资产的受益为目标的。但区别在于混合跨国并购是通过取得目标企业的控制权后，将其业务进行整合，使其重新上市以

获取受益，而资产组合投资只是从单纯的重组本公司资产的角度出发，不以获取对方企业控制权为目的。

从交易额来说，金融性并购每年都在几百亿美元左右，但从来没有超过 1000 亿美元，而且在整个跨国并购呈现急剧增长的同时，金融性跨国并购增长十分缓慢。

（2）战略性并购

战略性并购包括寻求市场型并购和寻求效率型并购等。战略性跨国并购从 1987 年的不到 1000 亿美元迅速上升到 1999 年的近 7000 亿美元。可以说，跨国并购增长的驱动力不是追求短期金融收益的金融性跨国并购，而是以追求长期利益为动机的战略性跨国并购。

追求短期金融收益的跨国并购曾经在 1992 年达到高潮，在总并购中的比例达到了 22%。而在 1988 年，这一比率仅仅为不到 5%。这主要是战略性收购下降的结果。到 1999 年该比例下降到不足 8%。与此同时，战略性并购却呈上升趋势。

总体来看，战略性并购占了外资并购的 90% 左右，说明金融性并购的地位很低。原因是：第一，外资并购不同于国内并购，金融性并购会受到东道国的一系列管制。在必要的时候，东道国可以较容易地取消一项金融性并购。第二，金融性并购主要发生在美国，而在其他国家比较少见，即使在美国也是不受人欢迎的。第三，金融性并购具有投机色彩。如果允许大规模的金融性并购，很容易出现金融危机，所以每个东道国对此都保持有足够的警惕。第四，金融性并购必须有发达的证券市场，以便它有退出渠道。由于大多数国家的证券市场还没有达到金融性并购的要求，所以金融买家的风险很大，故金融买家对跨国的金融性并购缺乏兴趣。而战略性并购主要是由跨国公司进行的，反映了跨国公司通过跨国并购获得更大的所有权特定优势的动机。

5. 根据外资并购的标的是资产还是股权，可以分为资产收购和股权收购

这种分类是目前中国法律规章中对外资并购明确界定的分类。

（1）资产收购

所谓资产收购（Asset acquisitions, sale of assets），又叫营业转让（sale of undertaking），是指收购方以现金、股票或其他有价证券为对价收购目标公司全部或实质全部的资产而接管目标公司的营业[①]。收购方在合同条款中没有特别规定的情况下，只要对所购资产支付了合理对价，就不再承担目标公司的任何债务。采用资产收购方式可以避免目标公司向收购方转嫁债务。对收购方而言，通过公司合并直接承担责任和通过股权收购间接承担责任的资产重组方式，都无法与资产收购的优势相比拟。

中国《关于外国投资者并购境内企业的规定》中为资产收购下的定义是，外国投资者设立外商投资企业，并通过该企业协议购买境内企业资产且运营该资产，或，外国投资者协议购买境内企业资产，并以该资产投资设立外商投资企业运营该资产称"资产并购"。

（2）股权收购

股权收购指通过间接或直接购买目标公司的部分或全部股权而取得其控制权。这种收购股权的方式，有利的一面是，相对收购资产的方式，税负要轻得多，一般只涉及预提所得税，所以实践中绝大多数情况下均采用收购股权的方式；不利的一面是，外商作为现有外商投资企业的新的投资方，要与其他投资方一样按投资比例承担现有外商投资企业的所有债务和责任。

中国《关于外国投资者并购境内企业的规定》中为股权收购下的定义是，外国投资者协议购买境内非外商投资企业（以下称"境内公司"）的股东的股权或认购境内公司增资，使该境内公司变更设立为外商投资

---

① 陈丽洁：《公司合并法律问题研究》，法律出版社 2001 年版，第 16 页。

企业称"股权并购"。

(3) 资产收购与股权收购的比较

a. 主体和客体不同

股权收购的主体是收购公司和目标公司的股东,客体是目标公司的股权。而资产收购的主体是收购公司和目标公司,客体是目标公司的资产。

b. 负债风险差异

股权收购后,收购方成为目标企业控股股东,收购方仅在出资范围内承担责任,目标企业的原有债务仍然由目标企业承担,但因为目标企业的原有债务对今后股东的收益有着巨大的影响,因此在股权收购之前,收购方必须调查清楚目标企业的债务状况。由于目标企业的或有债务在收购时往往难以预料,股权收购存在一定的负债风险。

而在资产收购中,资产的债权债务状况一般比较清晰,除了一些法定责任,如环境保护等,基本不存在或有负债的问题。因此,收购方只要关注资产本身的债权债务情况就可以基本控制收购风险。

c. 政府审批差异

股权收购因目标企业性质的不同,政府监管的宽严程度区别很大。对于不涉及国有股权、上市公司股权收购的,审批部门只有负责外经贸的部门及其地方授权部门,审批重点主要是外商投资是否符合中国利用外资的政策、是否可以享受或继续享受外商投资企业有关优惠待遇。对于涉及国有股权的,审批部门还包括负责国有资产管理的部门及其地方授权部门,审批重点是股权转让价格是否公平、国有资产是否流失。对于涉及上市公司股权的,审批部门还包括中国证券监督管理委员会,审批重点是上市公司是否仍符合上市条件、是否损害其他股东利益、是否履行信息披露义务等。

对于资产收购,因目标企业性质的不同,政府监管的宽严程度也有一定的区别。对于目标企业是外商投资企业的,中国尚无明确法律法规规定外商投资企业资产转让需要审批机关的审批,但是因为外商投资企业设立时，项目建议书和可行性研究报告需要经过审批，而项目建议书和可行性研究报告中对经营规模和范围都有明确的说明。若转让的资产属于曾享受过进口设备减免税优惠待遇并仍在海关监管年限内的机器设备，根据《对外商投资企业进出口货物监管和征免税办法》的规定，必须首先得到海关的许可并且补缴关税后才能转让。对于目标企业是国有企业的，资产收购价格一般应经过审计和政府核准。对于上市公司重大资产变动的，还应按照《关于上市公司重大购买、出售、置换资产若干问题的通知》的规定报证监会批准。

d. 第三方权益影响差异

股权收购中，影响最大的是目标企业的其他股东。根据中国《合资企业法》的规定，"合营一方向第三者转让其全部或者部分股权的，须经合营他方同意"，因此股权收购可能会受制于目标企业其他股东。

资产收购中，影响最大的是对该资产享有某种权利的人，如担保人、抵押权人、商标权人、专利权人、租赁权人。对于这些财产的转让，必须得到相关权利人的同意，或者必须履行对相关权利人的法定义务。

此外，在股权收购和资产收购中，都可能因收购相对方（目标公司股东或目标公司）的债权人认为转让价格大大低于公允价格，而依据《合同法》中规定的撤销权，主张转让合同无效，导致收购失败。因此，债权人的同意对公司收购行为非常重要。

应当提出的是，资产收购不能对目标方产生直接的影响和控制，而股权收购可以表达直接控制这层含义。从严格意义上讲，不能产生直接控制和影响的行为不属于跨国并购的范畴。因为只有并购方能够对目标方施加控制和影响，才能参与目标方的经营管理，才属于直接投资的范围。笔者认为，资产收购实质上给外国投资者提供了一种可以灵活选择的并购方式，使其可以根据自己投资扩张的需要，有选择地购买目标公司的资产和业务，有效避免可能出现的债务陷阱。它是外国投资者借以完成其投资计划的一种行为，是基于中国现状的一种选择。从长远来看，我们仍应该采纳控制权意义上的跨国并购。

（三）外资并购的融资方式

外资并购的融资方式主要包括换股并购、现金收购和综合证券收购等。

1. 换股并购

换股并购是以股票作为并购的支付手段，由并购公司重新发行本公司股票，以新的股票替换目标公司的原有股票，以此完成股票收购。换股并购的特点是目标公司的股东并不因此而失去其所有权，而是被转移到并购公司，并随之成为并购公司的新股东。

根据换股方式的不同又可以分为增资换股、库藏股[①]换股、母公司与子公司交叉换股等等，比较常见的是并购企业通过发行新股或是从原股东手中回购股票来实现融资。换股并购不仅比现金并购方式节约交易成本，而且在财务上可合理避税和产生股票预期增长效应。与现金并购

[①] 按照通常的财务理论，库藏股亦称库存股，是指由公司购回而没有注销、并由该公司持有的已发行股份。库存股在回购后并不注销，而由公司自己持有，在适当的时机再向市场出售或用于对员工的激励。简单的说，就是公司将已经发行出去的股票，从市场中买回，存放于公司，而未再出售或是注销。它的特性和未发行的股票类似，没有投票权或是分配股利的权利，而公司解散时也不能变现。美国和英国对股份回购的规定较宽松，原则上允许企业回购股票；而德国与日本法律原则上禁止企业买卖本公司股票。在中国香港，联交所《香港公司购回本身股份守则》规定，回购股份必须事先获得股东的批准，回购最高金额为公司股份上一个月在联合交易所成交额的 25%，年回购额不得超过已发行股份总额的 25%。《公司法》第一百四十三条规定，公司不得收购本公司股份。但是，有下列情形之一的除外：（一）减少公司注册资本；（二）与持有本公司股份的其他公司合并；（三）将股份奖励给本公司职工；（四）股东因对股东大会作出的公司合并、分立决议持异议，要求公司收购其股份。
公司因前款第（一）项至第（三）项的原因收购本公司股份的，应当经股东大会决议。
公司依照前款规定收购本公司股份后，属于第（一）项情形的，应当自收购之日起十日内注销；属于第（二）项、第（四）项情形的，应当在六个月内转让或者注销。
公司依照第一款第（三）项规定收购的本公司股份，不得超过本公司已发行股份总额的百分之五；用于收购的资金应当从公司的税后利润中支出；所收购的股份应当在一年内转让给职工。公司不得接受本公司的股票作为质押权的标的。

不同，换股并购具有其自身的特点。

（1）换股并购可不受并购规模的限制

现金收购通常有"以大吃小"的特征，而换股并购可以在一定程度上摆脱并购中资金规模的限制，因此它可以适用于任何规模的并购。但由于股价的波动使收购成本难以确定，换股方案不得不经常调整，这种方式常用于善意收购。

（2）换股并购通常会改变并购双方的股权结构

现金支付方式不会改变并购方原有股东在新合并公司的股权结构；而换股并购由于并购时增发了新股，所以并购双方股东在新合并公司的股权结构将发生变化，一些大股东的地位可能会削弱，甚至会由于合并失去原有的控制权。

（3）换股并购可以避免短期大量现金流出的压力，降低收购风险

这种并购融资方式为日后的经营创造了宽松的环境，而被购并方则也得到了具有长期增值潜力的并购方的优质股票。

（4）换股并购可以取得税收方面的好处

换股并购是收购者将本身股票当做价金付给目标公司股东。从税收角度看，收购方支付股票应该比现金更受卖方欢迎。一般若是现金，则必须在当年度就申报所得进行纳税；而若以股票支付，卖方唯有在出售时方需对利得加以课税，因而在税收上对卖方较有利。

（5）换股并购会受到各国证券法规的限制

由于采用换股并购，涉及发行新股、库藏股等问题，因此审批手续比较烦琐，耗费时间比较长，从而会给竞争对手提供机会，目标企业也会有时间布置反收购的措施。

2．现金收购

凡不涉及发行新股票或新债券的公司并购都可以被认为是现金收购，包括以票据形式进行的收购。现金收购的性质单纯，购买方支付了

设定的现金后即取得目标公司的所有权，而目标公司的股东一旦得到其所持股份的价金，即失去所有权。

3．综合证券收购

指收购方对目标公司提出收购要约时，其出价不仅有现金、股票，而且还有认股权证、可转换债券等多种形式的混合。认股权证是一张由上市公司发出的证明文件，赋予持有人一种"权利"，即持有人有权在指定的时间（有效期）内，用指定的价格（换股价）认购该公司发出指定数目（换股比率）的新股。可转换债券是在特定的条款和条件下，用持有者的选择权以债券或优先股交换普通股[①]。

（四）中国外资并购制度的不足

1．欠缺体系性。外资并购立法是一个系统的工程，然而中国在外资并购立法上缺乏一个完善的规制体系。由于没有一部能统率外资并购相关法律规范的基本法，有限的外资并购立法在不同效力层次和规制领域上缺乏相互的配合，经常出现法律规范间的冲突和无法可依的状况。2003 年 1 月 2 日外经贸部、国家税务总局、国家工商总局、国家外汇管理局联合制定并发布了《外国投资者并购境内企业暂行规定》，从内容上看，它似乎应当作为目前中国外资并购的指导性文件，但由于其效力位阶偏低，这一作用大打折扣。

2．法律效力偏低。截至目前为止，中国关于外资并购的专门立法均为部门规章，立法效力位阶的低下影响着需要配合的各种立法之间的协调，本应作为外资并购基本法的《外国投资者并购境内企业暂行规定》如与其他立法冲突，则会排除其适用的可能性，加之规章的不稳定性，可能导致外资因难以预期投资风险而怯步。

---

① 王习农：《跨国并购中的企业与政府》，中国经济出版社 2005 年版，第 37 页。

3．内容不完备。外资并购的规制需要相关法律法规的相互配合。综观各国的立法，可以发现在完善的外资并购立法体系中，外资并购审查法、公司法、证券法、反垄断法等都扮演着非常重要的角色。

4．缺乏协调性。外资并购实践中出现的许多问题是由于中国法律之间不协调、不衔接，甚至是相互矛盾造成的。如关于外资并购国有企业的审批制度有以下几个规定。《关于企业兼并的暂行办法》第三条规定："全民所有制企业被兼并，由各级国有资产管理部门负责审批"；《全民所有制工业企业转换经营机制条例》第三十四条规定："企业被兼并须报政府主管部门批准"；而《关于加强国有企业产权交易管理的通知》则指出："地方管理的国有企业产权转让，要经地级以上人民政府审批，中央管理的国有企业产权转让，由国务院有关部门报国务院审批，所有特大型、大型国有企业的产权转让，要报国务院审批。"《企业国有产权转让管理暂行办法》第 25 条："国有资产监督管理机构决定所出资企业的国有产权转让。其中，转让企业国有产权致使国家不再拥有控股地位的，应当报本级人民政府批准。"如此相互矛盾、缺乏协调的规定，使并购主体和执法机关无所适从。

三、两个值得关注的问题

（一）国内并购与外资并购

一般而言，国内并购与外资并购是很容易区分的。容易混淆的主要有两种情况：一是跨国公司在目标公司所在国并没有子公司，但为了获得目标国对并购活动的税收优惠或减免对目标企业承担的债务责任等目的，就先设立一个"空壳子公司"，然后用这个"空壳子公司"去兼并目标公司；"空壳子公司"随之成为存续公司，目标公司就此消失。二是跨国公司以自己原来就拥有的在目标国的子公司来并购目标企业。在这两种情况下并购方与目标方都在同一个国家注册，属于同一个国家的法人，在法律上属于同一个国家内的企业并购，还算不算是外资并购？

本文认为这两种形式在广义上仍属于外资并购。因为在并购过程中毕竟涉及了跨国公司的子公司。这个子公司虽然是在东道国设立的本国公司，但它在许多方面不可避免地会受到其外国母公司的影响，特别是在实施外国母公司跨国并购战略的时候。这个子公司实质上是母公司战略布局中的一个棋子，完成的是母公司的并购计划。

这种东道国和母国为同一个国家的外资并购并非罕见，而且增长的势头极猛。跨国公司为了实现其全球化的战略，在世界各地建立了大量的子公司，这些子公司具有当地独立法人地位。这些公司往往又为了某些特殊的目标在当地或其他国家进行并购。

东道国和母国为同一国的外资并购交易主要发生在发达国家。尽管发展中国家该种类型的并购并不多，但是增长速度很快。这种类型的并购交易近来在拉丁美洲和加勒比海地区增长尤其迅速，说明当地的外国子公司积极地参与当地的外资并购。这些交易看起来像是国内并购，实际上这些并购的最终收益人却是来自各个国家。这些看起来是国内并购的交易的影响已经超出了公司的注册地的范围。在南亚、东亚、东南亚地区，1990 ~ 1995 年这种类型的并购增长较为迅速，随后呈现缓慢增长趋势，目前一般每年保持 60 件左右。从价值来看，这种类型的并购增长也十分迅速。

（二）对外直接投资、外资并购及绿地投资三个概念的辨析

1. 对外直接投资与外资并购、绿地投资的关系

根据 1998 年世界投资报告的定义，对外直接投资（FDI）被认为是一国（地区）的居民购买力实体（外国直接投资者或母公司）在其本国以外的另一国企业（外国直接投资企业、分支企业或国外分支机构）中建立长期关系，享有持久利益，并对之进行控制的投资。FDI 意味着

投资者对其他国家企业的管理可施加显著影响。这种投资既涉及两个实体之间最初的交易，也涉及两者之间以及不论是联合的还是非联合的国外分支机构之间的所有后续交易。进行 FDI 的可以是商业实体，也可以是个人。FDI 有三个组成部分：股权资本、利润再投资和公司内部借贷。股权资本是对外直接投资者购买的本国以外国家企业的股份。利润再投资包括未被分支机构以股息形式分配掉的直接投资者的利润份额，或未汇回给直接投资者的利润。这些被分支机构留存的利润用于再投资。公司内部借贷或公司内部债务交易指直接投资者（母公司）与附属企业之间的资金借入与贷出。

绿地投资即新设投资，是外国直接投资者或母公司在东道国创建新企业，由投资者创建一个全新的企业。新创建的企业可以是独资企业也可以是合资企业。绿地投资完全符合 FDI 的基本特征，外国直接投资者或母公司在创建新企业后必然对其享有持久利益，从而可以对新设企业施加显著影响。因此绿地投资是 FDI 最基本的一种形式。

与绿地投资不同，虽然外资并购在 FDI 中占有越来越高的比重，但对于是否所有的跨国并购都属于 FDI 这一问题一直存在争论。UNCTAD 1998 年和 2000 年《世界投资报告》都认为，并不是所有外资并购都是 FDI。存在争议的主要是一些证券组合投资性质的跨国并购，报告认为这类并购由于完全或主要受金融考虑的推动，类似于证券投资，这种类型的并购多数是属于带有投机性的金融性跨国并购类型。它不符合前文关于 FDI 定义中"建立长期关系，享有持久利益，并对之进行控制的投资"的特征。根据 UNCTAD 的统计，证券或准证券并购在跨国并购总价值中的比重是很低的，大多数外资并购仍然属于 FDI。有数据显示，1998 年外国直接投资者以并购美国企业的方式进行的新投资占外国分支机构投资支出的 90%，而在 1993 年至 1997 年间，该比例已经高达 82% ～ 87%。

2．外资并购与绿地投资的比较

外资并购和绿地投资之间的基本差别在于，根据定义，前者涉及资产从本国人手中转到外国人手中，并且至少在一开始不会增加东道国的生产能力。从东道国发展的观点来看，特别是在进入时以及在短期内，外资并购所产生的利益较小，负面影响较大。现总结如下。

（1）尽管并购方式和绿地投资方式的FDI都为东道国带来国外金融资源，但并购方式所提供的金融资源并不总是增加生产资本存量，而在绿地投资的情况下会增加。因此，给定数量的跨国并购所涉及的生产性投资小于相同数量的绿地投资，或者根本就没有生产性投资。然而在一家当地企业的唯一现实选择是关闭的情况下，外资并购能够起到"救命"的作用。

（2）在进入时，外资并购不太可能转移新的或比绿地投资更好的技术或技能，而且并购可能直接导致当地生产或研发活动的降级或关闭，或导致这些活动的重新选址。而绿地投资并不直接减少东道国经济的技术资产和能力。

（3）当FDI利用并购方式进入一个国家时，由于合并或收购并不创造新的生产能力，所以外资并购不会创造就业。而且，这种方式的FDI还可能导致裁员。但是当被收购企业面临破产的危机时，这种方式的FDI能够保护就业，而绿地投资在进入时必定会创造新的就业。

（4）外资并购能够加强东道国的产业集中，并导致垄断的后果。然而，当收购有助于保护可能破产的当地企业时，这种方式的FDI也可以防止集中的加强。根据定义，绿地投资能够增加现有企业的数量，并且在进入时不可能直接提高市场集中度。

应当注意的是，以上外资并购的大多数缺点与进入时或进入后不久的影响有关。在较长时期内，这两种方式的影响的差别就会减少或者消失。总结如下。

（1）外资并购常常跟随着外国收购者的后续投资——有时这些投资

的数额很大，特别是在私有化的特殊情况下。因此在较长时期内，正如绿地投资那样，外资并购也能够导致增加生产性投资，这两种方式也可能有相同的效果。

（2）外资并购可能跟随着转让新的或更好的技术（包括组织和管理方法），特别是在对被收购企业进行重组以提高其经营效率时，只要跨国公司投资于建立当地技能方面，它们就会转移这些技术，而不论这些分支机构是如何建立的。

（3）经过一段时间之后，如果进行后续投资，外资并购就能够创造就业。因此，在较长时期内，这两种方式在就业创造方面的差异趋于减少，并更多的取决于进入的动机，而不是取决于进入的方式。

总之，一旦最初的时期过去，FDI 对东道国的影响很难以进入方式来区分，但两者对市场结构和竞争的影响可能例外。

除了上文总结的外资并购与绿地投资各自的优缺点外，还应结合考虑东道国具体的经济环境来分析。在当今的技术进步迅速和全球竞争加剧的条件下，通过外资并购对东道国产业和经济活动进行重组是可行的。在一些异常的情况下，如在金融危机或向市场经济制度转型时，这种重组也很重要。在这些情况下，相比绿地投资外资并购能够发挥更大作用，因为它提供了一揽子可用于各种类型重组的资产，而且外资并购可以加快重组速度并迅速介入当地的被收购企业。当然，绿地投资也能有助于经济重组，主要体现在产业重组方面。但在企业层面，绿地投资与同行业的国内企业形成了直接的竞争关系，实际上还会对国内企业构成严重威胁。目前，中国正面临国有企业重组的这一问题，外资并购与绿地投资相比则显示出更大的优势。

第二章　外资并购的经济学分析和法理思考

在现代经济条件下，如何规范外资并购是各国普遍关心的问题。外资并购是一种复杂的经济现象，各国在制定相应的制度时往往需要考虑多方面的因素，其中外资并购的经济影响是各国立法时考虑的最重要的因素。

一、外资并购经济影响的相关经济学理论

经济学理论侧重于从产业组织的角度来分析并购与竞争的关系。影响较为突出的理论主要有两个，一是 20 世纪 70 年代以前占主流的结构理论，二是到目前为止仍占主导地位的芝加哥学派。这些理论在很大程度上影响了美国并购立法的实践。

（一）结构理论

结构理论（SCP 理论①）是产业组织理论体系的重要内容。产业组织理论产生于美国，作为一种理论体系产生于 20 世纪 30 年代，因该理论在美国以哈佛大学为中心，以梅森（Mason）和贝恩（J.Bain）为主要代表形成的，所以理论界称为哈佛学派。哈佛学派的主要贡献是建立

---

① 所谓 SCP，是 Structure(市场结构)—Conduct(市场行为)—Performance (市场绩效)的简称。

了完整的结构理论，即 SCP 理论范式。哈佛学派认为结构、行为、绩效之间存在着因果关系，即市场结构决定企业行为，企业行为决定市场运行的经济绩效，所以为了获得理想的市场绩效，最重要的是通过公共政策来调整不合理的市场结构。

结构理论认为市场结构反映的是一国范围内市场上生产集中和分散的程度，以及产品差别水平和进出市场的难度。一定的市场结构决定了竞争的强度和竞争的行为方式，从而间接地决定了竞争的市场结果或者市场绩效[①]。结构理论中的市场结构涉及影响竞争过程性质的那些市场属性，认为决定市场结构的主要因素包括市场集中度、产品异质、进入壁垒和条件以及厂商成本结构和政府管制的程度等。根据市场的垄断与竞争程度，市场结构可分为四种类型：完全竞争、垄断竞争、寡头、完全垄断。市场结构的类型直接影响到经济效率的高低：完全竞争市场的经济效率最高，垄断竞争市场较高，寡头市场较低，垄断市场最低。可见，市场的竞争程度越高，则经济效率越高；反之，市场的垄断程度越高，则经济效率越低。完全竞争市场实现了最有效的资源配置，是一种最理想的市场结构；而不完全竞争市场都没有实现最有效的资源配置，其中，垄断市场资源配置的有效性是最低的[②]。

企业的基本市场行为包括企业的价格行为、非价格行为和组织调整行为。结构理论认为企业的行为与市场结构有着密切的关系，市场越集中，竞争程度越低，企业之间实施合谋垄断行为的可能性就越大。

结构理论中的市场绩效则是指对经济如何满足特定目标（如效率、增长、平等和就业等目标）的评价。按照结构理论，市场绩效的好坏与不同产业结构和行为有直接的关系。

总之，结构理论侧重于市场结构的决定性作用，认为产业的结构将

[①]　[美] 麦克尔·L.卡茨、哈维·S.罗森：《微观经济学》，机械工业出版社 1999 年版，第 471 页。

[②]　高鸿业主编：《西方经济学》，中国经济出版社 1997 年版，第 269—272 页。

影响企业行为，而企业行为又进一步决定它的绩效。相应的，产业立法的重点就应放在市场结构方面，政府应加大对公司并购的控制力度，以防止市场结构趋于过度集中。这一被后人称为"哈佛传统"的理论体系带有明显的结构主义和经验主义的色彩。

（二）芝加哥学派理论

自 20 世纪 60、70 年代开始，芝加哥学派对结构理论提出了质疑。该学派的代表人物有斯蒂格勒、德姆塞茨、波斯纳、博克等人。芝加哥学派指出，产业结构能够被其绩效影响，尤其是集中的行业可能是市场竞争的结果，在其中相对较少的更有效率的企业会占有较高的市场份额，因此行业变得集中①。也就是说高市场集中度可能是高效率的结果，是竞争者之间效率水平的不同所造成的，并非垄断力量造成的。这种见解部分地基于如下事实：利润率与两个领先企业市场份额的关联度比与整个行业集中度的关联度要大得多，即那些领先企业是因为效率优势，而不是领先企业之间串谋形成的行业利润率而获得支配地位。

该理论进一步指出，竞争最重要的作用是推动创新与技术进步，而承担这一功能的主要角色是从事规模生产的大企业。大企业可能由于创新和技术进步以及规模经济，或者由于良好的组织管理及由此带来的成本降低和产品质量提高等原因而获得市场支配力量或优势垄断地位，这种垄断不是真正意义上的垄断②。如果其收益大于垄断价格带来的福利损失，则这种并购是有利于资源的有效配置的。

通过比较可以发现，结构与芝加哥学派观点的主要差异在于：结构理论实际是一种单向分析的方法。在这一理论框架中，市场结构起决定作用，企业市场行为是特定市场结构的产物。结构理论认为市场集中度

---

①　Smiley（1995）:"Merger axtivity and Antitrust Policy In the United States", Mergers, Markets and Public Policy. edited by Mussai, (Kiuwer Academic Publishers), l995.

②　陈秀山：《现代竞争理论与竞争政策》，商务印书馆 1997 年版，第 52—56 页。

是企业行为与绩效的原因，因而把市场集中度作为政府规制公司并购行为的唯一重要理由，高市场份额被看做是企业合谋行为的证据。而芝加哥学派的理论则强调结构、行为、绩效三者之间是互相制约、互为因果的关系。认为市场结构也可能是企业的相对效率与绩效的结果，所以高市场份额有时是反映了高的市场效率。因而该理论在规制并购中加入了效率和市场竞争程度的因素。

二、经济学理论对美国并购立法演变的影响

结构理论在二战后到 70 年代相当长的时间内对美国的反垄断法实践产生了重要的影响。结构学派认为，反垄断法所应关注的重点是市场结构。在这一理论下，横向并购成为反垄断法的重点管制对象，因为横向并购对市场集中度[①]的增加具有直接的影响。

大多数的经济学家认为，美国最极端的反合并判决是"美国诉 Brown 鞋业公司案"的判决。Brown 鞋业公司（占全国鞋业产量的 4%）在 1955 年试图与 Kinney 鞋业公司（占全国鞋业产量 0.5%）合并。并购不被允许的主要原因不是生产能力，而是零售。法院发现两个企业合并后的联合企业在 32 个城市中的销售份额超过了 20%，法院把一个单独的城市作为相关的地理市场（这样就认为一个城市的价格升高将不会导致消费者到另一个城市去购买，也不会导致其他城市的商家进入这个城市）。法院宣称，按照《克莱顿法》第 7 条，这足以导致单个城市的竞争减弱。

另一个重要的限制性判决是美国最高法院在 1966 年作出的。该案涉及洛杉矶的两个食品杂货零售连锁店的合并。Von's 食品杂货公司

---

① 市场集中度通常是指某一产业市场卖方的规模结构，一般用来衡量产业竞争程度以及特定产业内各企业市场力量的分布和市场地位。一般而言市场集中度越高，垄断程度也越高，产业内企业的市场支配力量就越大，反之亦然。

是洛杉矶地区第三大食品杂货零售连锁企业，占该地区 4.7%的市场份额，而 Shopping Bag 食品商店是该地区第六大零售商，占该地区 2.8%的市场份额。合并后的联合企业的市场份额将占全国第二位（第一位是Saveway 公司，拥有 8%的市场份额）。法院再一次把地理市场界定为一个单独的城市，在发现排名前 20 位的连锁店从 1948 年 48%的份额上升到 1958 年的 57%的份额后，最高法院推翻了下级法院同意合并的判决。

在 20 世纪 60 年代，美国的横向并购政策变得非常敌意和严厉。按照这种政策的要求，除非其中的一个企业不实行并购将会破产，否则在同一行业有大的市场份额的任何两个企业之间的并购都会遭到否决。美国 1968 年出台的《合并指南》规定，在一个行业中，如果其中四个大企业的集中度大于 75%，则企业市场份额达到以下比例时，司法部将对该行业中的并购提出质疑：

并购企业	被并购企业
4%	4%或以上
10%	2%或以上
15%或以上	1%或以上

如果行业中四个企业的集中度小于 75%，当要实行并购的企业市场份额达到以下标准时，并购将遭到质疑：

并购企业	被并购企业
5%	5%或以上
10%	4%或以上
15%	3%或以上
20%或以上	2%或以上
25%或以上	1%或以上

这种严厉的政策导致了以下几个后果。首先，两个成功企业之间的并购

大为减少。上述准则对较小市场份额的企业也加以质疑的做法导致了在 1968 ～ 1981 年间几乎没有横向并购发生。如果一个企业认为其本身规模太小以至于不能获得规模和范围经济，就只有通过内部增长（或许会以较高的成本为代价）来获得。其次，这种政策引发了企业的规避行为，许多企业转而寻求其他并购方式尤其是混合并购办法，因为仍然有税收方面的刺激和其他的原因使并购成为增长的有利途径。从 20 世纪 60 年代中期开始的巨大的混合并购浪潮充分说明了这一点①。

这种反并购立法明显带有结构理论的痕迹。事实上结构理论对于美国强化传统反托拉斯手段无疑起了推波助澜的作用。1968 年美国白宫关于反垄断政策的特别小组报告就明显反映了结构理论的重要影响。该报告认为："反托拉斯法的关注点应放在市场结构上，因为第一，在市场结构中，竞争者越多（大批竞争者及其相应较小的市场份额），试图维持串通行为的难度就越大，识别这种行为就越容易；第二，在无串通的条件下，只要市场结构中只有极少数的企业，也会发生和串通类似的效应。在有众多企业的市场上，每个企业只占有很小的市场份额。任何单一企业的行为都难以对市场价格产生重大影响。这样，产出就能达到这种效果：即每一个销售者的边际成本等于市场价格。从整个经济角度看，这是最优产出"②。

这种局面在芝加哥学派出现后尤其是里根政府上台后发生了改变。随着芝加哥学派发展成为美国主流经济理论，美国的并购政策发生了很大的变化。这种理论的影响在里根政府的并购政策上得到了充分的体现。联邦法院及各级反垄断法执法机构所关注的重点也都从市场结构转向绩效和消费者福利。这从一系列新的并购准则的出台及未受到法院质疑的并购案例两方面可以看出。

---

① Smiley (1995):"Merger axtivity and Antitrust Policy in the United States", Mergers, Ma rkets and Public Policy. edited by Mussai, (Kiuwer Aeademic Publishers), 1995, p.66.
② 张乃根：《经济学分析法学》，上海三联书店 1995 年版，第 229 页。

美国司法部 1982 年和 1984 年对并购政策的两次修改明显反映了芝加哥学派的观点。这些修改具体表现在以下几个方面。

（1）提出了较为严格的产品市场和地理市场的界定标准。

（2）运用赫芬达尔指数（HHI 指数）来衡量市场集中化程度，即以同一行业中各企业市场份额的平方之和（即 HHI 指数）来衡量集中度[①]。

在 20 世纪 60 年代以前，市场份额是衡量市场集中水平的唯一指标，到了 20 世纪 60 ～ 70 年代美国的法院和反托拉斯机构都倾向于用 4 企业的集中度指标（CR4：four-firm concentration ratio）来衡量市场的集中程度。CR4 就是某个市场上最大的前 4 名企业的市场份额之和。

HHI 指数对企业并购的反垄断要求的软化，主要是针对那些市场份额有相当规模但又不是特别巨大的跨国并购而言的。因为对于市场份额太大或太小的跨国并购，不论以 CR4 还是 HHI 指数衡量，结果都是一样的：否决或同意。但对于那些在市场份额中等偏上的企业间的合并，以 CR4 和 HHI 指数计算的结果则大相径庭。一些按照 CR4 标准是非法的并购，如果按照 HHI 指数衡量则成为中等集中度市场，监管部门不应进行任何审查的并购[②]。

（3）提高了据以认定潜在垄断性并购的市场集中水平。也就是说，只有在并购导致较高水平的市场集中的情况下，才会采取法律行动。

（4）注重对市场竞争性状态因素的考虑。根据新的法律，如果市场可自由进入，即市场属于竞争性市场，则该市场上的并购就会被允许，也就是说，市场具有竞争性这一事实本身就足以允许该市场中的企业进行并购，而在以前很可能禁止这样做。相对于以前忽视进入壁垒因素的

---

① 威斯通等著，唐旭等译：《兼并、重组与公司控制》，经济科学出版社 1998 年版，第 509 页。

② 参见卫新江：《欧盟、美国企业合并反垄断规制比较研究》，北京大学出版社 2005 年版，第 77 页。

并购执法实践来说,这是一个合理的改进。

(5)在决定是否对并购进行干预时,注重对效率以及外国竞争者等因素的考虑。新准则反映了对国际贸易竞争因素及效率因素的重视。在以前,企业方面总是辩解其并购的主要目的是效率收益,或协同作用。反托拉斯当局通常都回答,这些效率收益是短暂的,难以证明,通过内部增长和通过并购都能实现。因此,反托拉斯官员和法院对在并购审查中提出的效率抗辩总是持否定态度的。而根据新的准则,效率抗辩完全可以成立,如果并购双方有明确的、有说服力的证据证明并购能够获得效率,执法部门将在并购审查中考虑这些效率因素。可能获得的效率包括(但不限于)获得规模经济、生产设施的进一步整合、成本的降低以及与并购企业特定的生产、服务或分销经营相联系的效率等[①]。

可见,新的并购准则应用了比以前更多的经济分析来决定哪个并购应受到质疑,哪个并购应被允许。尤其是对效率收益的考虑可能导致一项本来会遭到质疑的并购获得允许,这是前所未有的。

并购准则的另一个变化是政府愿意进行交易的程度加大。基于其经济分析信念和对相关市场的了解,里根政府明确表示愿与希望进行并购的企业达成交易。在 Chevron 石油公司收购海湾石油公司一案中,美国司法部在 Chevron 公司同意把以前海湾公司拥有的零售批发商店和精炼等部门卖给俄亥俄标准石油——一个英国子公司后,同意了他们的并购[②]。这个变化既表明了政府在反托拉斯案件执行过程中的明显的灵活性和宽松性,同时也表明了政府对自己在构造竞争市场方面的能力的巨大信心。

进入 90 年代以后,芝加哥学派对并购立法施加的影响更进了一步。美国政府 1992 年颁布的横向并购准则进一步提供了评估并购对竞争的

---

① Smiley(1995):"Merger axtivity and Antitrust Policy in the United States". Mergers, Markets and Public Policy, edited by Mussai, (Kiuwer Academic Publishers), l995, p.7l.

② 同上。

潜在负面影响的基本原则。据此，反托拉斯当局在考虑对并购进行干预时，要尽量避免干预那些既无利又无害的并购，也就是说，当局所禁止的只是一些严重损害竞争的并购，即那些能够产生或者加强市场势力的并购。不仅如此，一些严重损害竞争的并购在满足一定的前提条件下也可以得到豁免[1]，以使企业有可能通过并购提高效率，发挥并购对竞争的积极作用。至今，芝加哥学派的观点依然是并购立法和案件审理的理论基础。

以上分析至少说明两点：一是并购是一种相当复杂的经济现象，并购对竞争的影响往往不能一概而论，即使在经济学界也存在不同的认识。二是并购制度在很大程度上受到经济理论的影响，不同的理论或分析方法可能导致不同的并购政策。实际上不仅仅在美国是如此，在其他国家也是这样。各国对外资并购的干预程度不尽相同。在那些实行"市场优势体制"的国家（如欧盟），法律调整的重点是那些具有垄断地位或优势地位的企业，因而可能被否决的往往是那些能使市场中领先或有优势的企业获得或加强其优势地位的并购。这种体制可被视为"垄断化"概念在立法中的特殊应用。而那些采用"实质性减少竞争体制"的国家（如加拿大和澳大利亚）更多的是着眼于市场结构，从而任何在相关市场中"有实质性减少竞争作用"的并购均可能被禁止。此外，某些实行所谓"公共利益体制"的国家（如英国、法国等）则采用较为宽泛、开放的立法标准，要求反托拉斯机构在进行并购审查时考虑所有相关的"公共利益"因素，包括竞争也包括就业保护、出口促进或国际比较优势等政治意味较浓的因素[2]。这些不同的法律体制实际上都是建立在相应的理论分析的基础之上的。

---

[1]　Smiley (1995):"Merger axtivity and Antitrust Policy in the United States", Mergers. Markets and Public Policy. edited by Mussai, (Kiuwer Academic Publishers), 1995, p.75.

[2]　I. Rowley, J. William, ed. (1996). International Mergers: The Antitrust Process, 2nd ed. (London: Sweet&Maxwell), p.4.

从经济学分析的角度看，结构学派与芝加哥学派各有所长。尽管结构理论的种种缺陷受到了芝加哥学派的批评并逐渐被后者所代替，但该理论所强调的经济研究方法和主张通过对市场结构、市场行为的干预调节来保证有效竞争的观点，仍不失其现实意义。而芝加哥学派以影响经济活动的主要因素的变化为出发点，综合考察了整体市场集中情况及相关因素，较好地解释了企业的多元化经营战略和混合并购行为，从而弥补了结构理论之不足。

对于中国来说，外资并购制度同样需考虑多种因素。在经济全球化的背景下，如何提升中国企业的国际竞争力是中国面临的一项重大课题。因此，中国的外资并购制度应充分吸收国际上已有的经济分析理论和并购实践的经验教训，充分考虑中国企业的实际情况，以期建立一种基于对中国企业的竞争力的客观分析的、以有效竞争的目标模式为指导的法律法规制度体系。从中国企业面临的竞争环境来看，中国的外资并购制度应着眼于建立和维持一种规模经济与竞争活力有机结合的机制，同时兼顾效率及国际竞争因素，以最终形成在开放条件下的适度的有效竞争[①]格局。

三、外资并购制度的一般框架

各国的外资并购制度都可以划分为实体规则和程序规则两部分。以下分别进行总结介绍。

---

① 有效竞争这一概念最早是由克拉克（J. Clark，1940）提出的。按照克拉克的观点，如果一种竞争在经济上是有益的，而且根据市场条件又是可以实现的，那么，这种竞争就是有效的。

（一）实体规则

1. 外资并购中的市场界定

外资并购中市场的概念不同于经济学意义上的市场，它属于竞争法上的市场。经济学意义上的市场通常指买卖双方交易的场所，而竞争法上的市场指的是不同的竞争性企业的竞争区域，是通过确定当事方企业间是否存在竞争约束（the competitive constraints）来界定的。美国和欧盟对于并购中的市场界定有明确的规定。

美国《合并指南》认为"市场可以定义为一种产品或一组产品及生产可销售这种（些）产品的一个地理区域，对这种（些）产品和这个地理区域来说，在假设所有其他产品的销售条件不变的情况下，如果这个市场上现在和未来只存在唯一的厂商，而且假定厂商的定价不受管制并以追求利润最大化为目标，那么这个厂商很可能会采取'小而显著非短期（Small but significant and nontransitory）'的提价方法获利"。意思是说，假定只有一个市场垄断者，它生产或销售A产品，现有A、B、C、D四种产品可供消费者选择，如果该市场垄断者提价，消费者纷纷转向其他产品如B、C，那么A、B、C就属于一类产品市场，而D属于不同类的产品市场；同样如果A地的企业提高产品价格，消费者转向B地购买，那么A、B两地就属于同一地理市场。

欧盟在其《市场界定通告》[①] 中对产品市场和地理市场分别给出了定义："产品市场包括消费者依产品特征、价格和用途认为可以互换和替代的所有产品和（或）服务"；"地理市场指的是相关事业发生产品（服务）的供给和需求的区域，该区域内的竞争条件充分同质，据此可以将该区域与其他临近区域区分开来"。欧盟的产品市场界定突出的是产品

---

① Commission Notice on the concept of concentration under Council Regulation (EEC) No. 4064/89 on the control of concentrations between undertakings [1998] OJ C66/5, [1998] 4 C. M.L.R 586.

间的互换性和替代型（being interchangeable and substitutable）；地理市场则强调要求市场间的竞争条件必须充分同质（being sufficiently homogeneous）。

市场界定是外资并购实体规则的第一步，产品市场和地理市场的界定对于并购案件的评价具有决定性的影响。在此基础上，才能进行计算市场份额或市场集中度、以及依据有关市场份额或市场集中度的信息作跨国并购规制的实体分析。如果市场界定不准确，则后续并购的实体规制也会不完整。

2．外资并购实体规则的标准

世界上绝大多数国家外资并购的实体规则的标准都属于以下三类中的一类：

（1）市场支配地位标准。市场支配地位（dominant position）的概念是欧洲法院在《合并条例》第 82 条下的判例来确定的。它是指一个企业所拥有的经济实力，这种实力使得它有能力在很大程度上独立于它的竞争者、客户并最终独立于它的消费者行事，以排除相关市场上的竞争[1]。欧洲法院又认为，这种市场支配地位并不排除某些竞争，但在垄断或准垄断市场条件下拥有市场支配地位会排除竞争。但这种支配地位能使靠其获利的事业即便不能决定至少也可以对市场的竞争条件产生相当程度的影响，并在任何情况下可以我行我素，只要这样做不妨害自己的利益[2]。

实行市场支配地位标准着重考察并购前后市场集中程度的变化，以及这种变化是否导致创设或强化原有的市场支配地位。如果一项跨国并购导致原有的市场支配地位增强或创设了新的市场支配地位，则

---

[1]　"United Brands Company v. Commission", Case 27/76, [1978] ECR 207.

[2]　"Hoffmann – La Roche & Co AG v. Commission", Case 85/76, [1979] ECR 461.

不予批准。

采用该标准的国家有德国和新西兰。如新西兰商法规定，禁止产生或强化支配地位的合并，除非经过核准①。

（2）实质性减少竞争体制标准。实行该标准主要关注相关产业中的市场结构，如果一项并购能够加强一小部分寡占企业对市场的规制，或导致单个企业的优势（或市场力量），就可能被否决。这个标准体现在美国克莱顿法的第 7 条当中，禁止任何在相关市场中"有实质性减少竞争的作用"的并购，同样的基本标准也被加拿大（1986）和澳大利亚采用。其实体分析框架则由美国 1997 年的《合并指南》来规定。按照该指南的规定，有关市场份额和市场集中度的数据只是为分析并购的竞争效果提供了一个分析起点②，更重要的是分析并购后的市场结构是否使得厂商的行为更加容易走向协调（寡头市场情形）并依此减少竞争。另一个需要着重考虑的因素是并购是否使得并购后的企业具有所谓的单边效应③（unilateral effects）以实质减少竞争。

按照美国《合并指南》，实质减少竞争指的是这样一种情形：企业并购导致的相关产品的价格应当显著高于没有出现合并情况下的价格，而且这种价格的差异难以在两年内消除。以上提供了一种"实质性减少竞争"的判断方法。

（3）双重标准。实行该标准是将创设或维持市场支配地位以及实质性减少竞争都作为判断并购控制的标准。欧盟是典型代表。欧盟从市场集中（体现为市场份额）开始考察并购前后市场集中程度的变化，是否导致创设或强化原有的市场支配地位（create of strengthen market domi-

---

① 孔祥俊：《反垄断法原理》，中国法制出版社 2001 年版，第 614—615 页。

② Section 2.0 of the Horizontal Merger Guidelines, revised April 8, 1997.

③ 单边效应指提供差异产品的厂商在并购后所采取的独立于其他竞争者和消费者的行为所造成的对市场竞争的影响。由于厂商提供差异化的产品和服务，以及消费者对品牌的信赖，使得一些产商能够在并购后单边的将价格提高到比并购前还要高的水平。因此单边效应是并购后企业获得市场支配地位的另一个重要因素。

nance），再考察市场的有效竞争是否因创设或强化原有市场支配地位而受到实质性妨碍（being significantly impeded）。在作上述分析时还要考虑诸如并购当事方企业的市场地位、财务能力、用户和消费者的其他选择、市场准入的条件、科学技术的发展等多种因素。

从对外资并购进行规制的实体标准上看，中国目前采用的是市场支配标准，即着重考察并购是否导致企业达到法定的市场份额标准。如果一项外资并购导致并购后企业达到法律规定的市场份额的标准，则不予批准。

从国际上并购规制的经验看市场支配标准还应注重市场支配地位的形成和加强，如果一起并购被认为在所涉及市场中使并购后的企业取得了市场支配地位或强化了原有的市场支配地位，这时并购规制机关就倾向于禁止该并购。

市场支配标准排斥了对并购所能带来的其他利益的考量。中国未来立法中将实质减少竞争标准纳入考虑应当是更合理的选择。实质减少竞争标准注重的是并购对所涉市场竞争的影响，虽然一起并购可能导致并购后的企业获得市场支配地位，但由于存在其他抵销市场支配地位的因素，如很低的市场准入门槛所带来的潜在竞争压力使得企业竞争并未实质性减少。这样看来实质性减少竞争标准比市场支配标准更容易将市场支配地位以外的其他重要因素纳入考察，比如市场准入、单边效应等。

（二）外资并购程序规则的两种不同模式

各国外资并购的程序规则在总体上可以分类为两种不同的程序模式：行政主导型模式和法院中心型模式。

1. 以欧盟为代表的行政主导型程序模式

在欧盟企业并购规制中，欧盟委员会负责企业并购规制的执行工作，担负并购案件的立法、调查、起诉和审判多项职责，只是在并购当事方对欧盟委员会作出的关于并购的最后决定不满并提起诉讼时，欧洲初审法院或欧洲法院才开始介入。欧洲初审法院和欧洲法院对并购案的司法审查是欧盟企业并购规制外部监督机制的主体。传统上欧洲初审法院和欧洲法院对欧盟委员会的企业并购案的司法审查主要集中在合法性审查上，一般不涉及事实审查。合法性审查主要包括两个方面：法院首先分析欧盟委员会在进行企业并购规制时是否遵守了正当程序原则，其次审查案件中的事实情况是否足以导致欧盟委员会对并购案的禁止性决定。欧盟委员会在整个企业并购规制中居于核心地位，因而欧盟企业并购的执行程序属于一种典型的行政主导模式。

这种行政主导模式主要有两个特点：

（1）赋予行政机关较大的程序主导权和自由裁量权以确保较高的行政效率。欧盟《合并条例》赋予欧盟委员会在规制企业并购方面很高的程序主导权和自由裁量权，这些权力包括要求并购当事方主动申报相关资料的权力，对怠于履行申报义务和虚假申报的惩治权、依职权主动调查取证权等。

（2）突出对并购当事方抗辩权的保护。根据《欧洲人权公约》的要求，《合并条例》详细规定了当事方的知情权、要求听证权、陈述权、提起诉讼权等内容，并设立专门的听证办公室以确保并购当事方的各项抗辩权能得到贯彻和落实，在当事方不满欧盟委员会作出的有关合并裁决的情况下，当事方还可以向欧洲初审法院或欧洲法院提起行政诉讼。

2. 以美国为代表的法院中心型程序模式

在美国企业并购规制中，联邦贸易委员会和司法部反托拉斯局虽然也担负着有关行政、立法、调查、起诉等职责，联邦贸易委员会还可以依职权作出并购案的最终行政裁定，但美国的并购规制机关没有司法审查权，就是说联邦贸易委员会和司法部只能以向法院提起诉讼的方式请求法院作出有关企业并购的最终决定，法院居于整个企业并购规制的中心地位，因而美国企业并购规制的执行程序属于法院中心型模式。法院中心型程序模式有以下特点：

（1）明确将保护并购当事人权力放在首位。这是自然公正原则在并购程序规制中的体现。它要求任何权力都必须公正行使，对当事人不利的决定必须听取他的意见，这里对并购当事人的保护着重体现在明确民主参与、保护并购当事人的知情权、辩护权。

（2）听证程序成为并购规制程序架构的中心环节。美国的行政法官拥有与司法官相似的权力，对并购案件的审查具有初步的决定权和建议权。这在事实上建立了一个独立的"行政法庭"。在这个法庭上并购当事人和联邦贸易委员会进行对抗式的质证和抗辩，基本实现了行政主体和行政相对人之间的法律地位上的平等。

（3）法院居于企业并购规制程序的中心地位。这体现在三个方面：首先，联邦贸易委员会的行政决定要接受法院的司法审查。其次，司法部反托拉斯局只能通过法院才能对企业并购案采取实质性的措施。除了有关案件调查取证的决定可以由司法部主管反托拉斯的助理总检察长作出外，其他有关并购案的实质性措施都必须通过法院才能作出。第三，如果州检察长和其他第三方认为一个并购案对其利益产生了不利影响或具有造成实质性减少竞争的威胁，也只能诉诸地方法院。

四、中国外资并购制度设立的思路与原则

（一）设立思路

1. 参考国际协议和国际惯例

西方各国尤其是英美等国法律，在外资并购立法方面一般都赋予外商以国民待遇。但在市场准入方面，无论是发达国家还是发展中国家，在一些关系国计民生的经济"敏感"部门，如公用事业、交通运输、国

防工业、金融保险业等，一般皆对外国直接投资作出禁止或限制性规定（通常亦称国民待遇例外），以维持本国资本在这些部门的控制权。

构建中国外资并购法律体系，应在外资市场准入方面参考国际协议和国际惯例同时充分考虑中国实际情况，逐步全面实现遵守国民待遇原则。

目前中国外资并购的市场准入主要适用国家商务部、国家发改委于2004发布的《外商投资产业指导目录》，将外商投资产业领域分成鼓励、允许、限制、禁止等四大块，对于中国外资产业布局的合理化和外资结构的优化发挥了重要作用。外资并购的市场准入领域已经根据中国与别国达成的有关中国加入WTO的谈判协议和《与贸易有关的投资措施协议》等文件规定作出相应调整。在中国允许和鼓励外资进入的行业和领域，应通过立法逐步赋予外资以国民待遇，既要避免歧视外资，也要逐步减少并限制外资的"超国民待遇"。各地自行出台的特殊政策若与公平合理原则相悖，则应予以取缔。同时应根据中国经济发展水平对国内"敏感产业"作出限制或禁止外资并购的规定，即实行"有限制"的循序渐进的国民待遇。

2．鼓励外资并购与维护国家安全相协调

外资并购已成为国际直接投资持续增长的重要动力，成为国际直接投资的一大主流，影响着世界各国的经济和社会发展，中国正在鼓励外资并购中国国有企业，鼓励外资参加中国国有企业重组改制工作。

但是外资并购对中国经济安全的消极影响也应引起我们足够重视。经济安全是各国共同关心的焦点问题。20世纪90年代美国对外政策的主要目标就是，国内产业和市场不受外国直接投资的垄断和控制。中国引资方面的经济安全，主要是指有没有具备抗衡外资垄断国内市场、提高本国权益和抗御外资转移风险的能力。衡量指标包括：市场占有率、固定资产投资比例和对外资依存度等。外商并购中国企业的目的是占领

中国的国内市场，牟取超额利润，其发展战略与中国的引资目的存在矛盾之处。20世纪90年代以来，随着外商成片成行业并购中国企业，其对中国经济发展和经济安全的消极影响也日渐严重。因此，在制定鼓励跨国并购立法时亦应注意中国经济安全的保护。

总而言之，寻求鼓励外资并购与维护中国经济安全之间的平衡点，既要大胆合理地利用跨国并购这一引资模式又要抑制和消除其对中国经济发展的不利影响，是摆在中国跨国并购立法面前的重大任务。

3. 外资并购立法应实行单轨制立法模式

过去中国的经济立法实行的是国内立法与涉外立法两种不同的立法模式。对国内企业按所有制形式不同分别制定不同的法律，如全民所有制工业企业法，集体所有制工业企业法，私营企业条例，不同所有制的企业享有不同的权利义务，而对外资立法则基本上是参照国际立法经验进行的单独立法。随着国内经济体制改革的深化，其弊端和不足却日趋突出。首先，市场经济要求各民事主体处于平等竞争之地位，因而经济立法应统一适用于各市场主体，既适用于国内企业，也适用于外商投资企业。只有这样，才能确保各市场主体处于平等竞争地位；其次，市场经济要求参与商品交换的市场主体均遵守平等、自愿、等价有偿以及诚实信用的原则，与市场主体的性质无关。而国内企业和外商投资企业适用不同的法律，显然与市场经济的这种基本要求相悖；再次，对外商投资企业的国民待遇已成为最近国际投资规范的基本要求，内外资分别立法至少在形式上造成给予外资非国民待遇的印象，因此有加以改进的必要。

采取单轨制立法，意味着中国对内外资企业一视同仁，对不同所有制企业应平等保护，促使它们公平竞争。实行单轨制立法，并不意味着完全取消有关外资单行立法，由于外资和涉外经济关系的特殊性，这方面的单独立法和特别规定仍将会长期存在，并且必不可少。这与前面观点并不矛盾。在极大多数国家均是如此，关键在于整个立法方式和观念的转变。外商并购中国企业已演进成外商进入中国国内市场的重要形式，采取单轨制立法就意味着其应该接受将来制定的内外资并购同样适用的《企业并购法》和统一的《外商投资法》调整。这也意味着跨国并购将取得与国内企业并购相同的法律环境，从而表明中国在经济法领域对外国投资者实行国民待遇，在形式上和实质上均将与国际惯例接轨。

（二）指导原则

1．反垄断原则

外资并购是一把"双刃剑"，它在推动国内企业实现规模经营、制度创新、增加市场竞争力的同时，也存在挤占国内市场、排斥压制民族工业发展的弊端。因此，无论是发达国家还是发展中国家都把反垄断作为政府管制跨国并购的首要任务，并将其作为跨国并购立法的基本原则。

就中国而言，外资并购作为资产重组的一种重要形式，对盘活存量资产，调整产业结构，特别是对中国当前的国有企业改革和吸引外资活动将产生积极的推动作用。然而，外资并购在推动国内企业实现规模经济、制度创新及增强市场竞争力的同时，也存在挤占国内市场，形成垄断的趋势。自从 20 世纪 90 年代外资开始并购中资企业以来，近十年外资并购中资企业已呈不可阻挡之势蓬勃发展。中国的某些行业如啤酒、饮料、洗涤剂、化妆品等已经或正在被外资垄断，另一些行业如橡胶、轮胎、汽车、造纸、医药等的市场份额正在被外资挤占控制。这种垄断不仅抢占中国企业的国内市场份额，牟取了超额利润，而且会严重制约市场竞争，压制民族工业的发展，影响民族工业的独立性和国家经济安全。

国外先进立法潮流与经验和中国外资挤占国内市场的严峻现实都表明，反对垄断、保护竞争作为市场经济的一般规律和内在要求，一样地会体现在推行社会主义市场经济体制改革的中国，而中国构建外资并购法律体系就应遵循市场经济规律，把反垄断原则确立为中国外资并购立法的一项重要的原则，以合理规制外资垄断国内市场的现象进一步发展，从而促进和保护有效竞争，促进和保护民族工业的发展壮大。

2. 自愿平等原则

所谓自愿即意思自治，是指企业与企业之间是否进行并购，何时进行并购，以及采取何种方式进行并购，应由企业自主决定。除法律有明文规定外，任何第三人（包括政府）均不得横加干涉。外资并购作为企业并购的一种特殊形式，是平等法律地位的外国投资者与国内企业自愿参与的国际投资法律行为，必须遵循意思自治原则。在发达国家，政府一般不直接参与外资并购，因为产权交易市场本身就意味着政府行为的弱化，并以市场的基础作用取而代之。即便是在外资并购国有企业时，政府也一般以分级委托的方式将国有产权交由国有产权经营机构去运作，由国有产权经营机构作为国有产权的代表和交易主体，与外国投资者依照公平、自愿原则进行产权交易，这时国有产权经营机构已不再是政府一级组织，而是与外国投资者法律地位平等的市场参与者。总之，政府不介入市场交易是市场经济下的通行原则，西方国家政府的行为被限定在这一原则下，也只有这样，外资并购的效益最大化原则才能顺利实现[①]。

3. 公平效率原则

公平与效率是西方经济学界20世纪70年代才开始深入探讨的一个新领域。西方经济学家一般认为：所谓"公平"，是指社会成员收入的均等化；所谓"效率"，是指资源的有效配置。西方经济理论认为公平与效率这两个政府规制目标是相互抵触的，相互矛盾的。其逻辑关系

---

① 卢炳星：《中国外商投资法问题研究》，法律出版社2001年版，第180页。

是：市场愈起作用，收入差距相应拉得愈大，经济效率也愈高；相反，市场作用愈小，政府管制作用愈大，收入分配愈平均，经济效率当然也就愈低[①]。中国在设定外资并购的政策目标时，应当以公平和效率作为政策核心，而公平目标应当具有更加优先的意义，只有在公平的基础上，才可能有持久稳定的效率，也只有在这个意义上效率才有意义。在中国目前，规制并购的目的就在于能够有效地规范企业的并购行为，平衡和协调不同经济主体之间的冲突和矛盾，从而充分地保护并购企业的合法权益。

4．保护中小股东利益的原则

在外资并购的产权交易过程中，由于大股东掌握原企业的控制权，往往是代表全体股东与外国投资者直接交锋，在并购活动中其完全有凭借其产权交易中的地位和信息之优势而牟取自身利益的可能。例如选择有利于自己的交易条件出售企业股份或资产，而消息闭塞缺乏经验的中小股东极易成为外国投资者与大股东的私交易的牺牲品。在交易过程中，分散的中小股东既缺乏与收购者讨价还价的能力，其意志也难以有适当途径体现，这种弱者劣势在外资收购国内上市公司中表现尤为明显。鉴于以上原因，许多国家的外资并购立法通过设立强制性收购要约制度、信息披露制度或其他方式，对中小股东和债权人实行特殊保护。英美两国的立法以及各国实践都说明了保护中小股东利益、目标方股东机会均等这些原则已成为国际惯例。

（1）美国对于股权转让中中小股东利益的保护

美国的法律注意到了控股与少数股的不同，这种不同不仅仅是股份价值多少的问题，而且会威胁小股东命运。美国立法实践集中体现了保护小股东利益与机会均等的思想，制定了控股股东事前的调查义务，适

---

① 刘恒：《外资并购行为与政府规制》，法律出版社 2000 年版，第 179 页。

当控制股份溢价，对中小股东事后法律救济等法律规定。

a. 转让控股股东的合理调查义务

以斯旺法官为代表的观点认为，控股股东转让股份时，有出卖人应该行使的合理谨慎人所应具有的注意义务，使那些将受其转让股权行为影响的人免遭侵害。出让控制权的控股股东应履行其注意义务，即有义务对购买者进行合理调查，如果怀疑其有不正当挪用公司资金等不良意图，则不能将控制权转移给该购买者。总体来说，合理调查义务是对控股人的规制，也就是说判例规则重在规定控股人的义务，保护中小股东和公司的权利。

b. 关于股份溢价的规定

由于"控制权"的存在，从而使控制股的转让与非控制股的转让产生不同的结果。所谓"控制权"是指股东基于控股地位而对公司的人事、业务及决策所享有的支配和控制的权利，因为控制股的卖方出让的并非单纯的财产利益，还包括根据自身利益处理公司事务的权利。所以，控股股东通常要求在正常股价的基础上，对由其掌握的股价进行加价，这种加价系出卖公司控制股权的溢价，称控制股溢价。一个投资者为了获取这些股份，促使控股股东放弃控股权利，收购方用高于市场价格来购买才能对控股股东产生足够的吸引力最终使收购成功。因此控制溢价的出现是不可避免的。

溢价的规制主要指溢价的归属，而其前提是溢价的合法化与否。溢价是合法的，则控股股东得到溢价。溢价是不合法的，则收归公司所有。

以安得鲁斯（Andrews）为代表的部分学者主张，当控股股东出卖其股份时，每一位同类股份的其他持有者应被赋予同样的出卖其股份的权利，此种理论被称为机会均等理论。据此理论，控股股东取得溢价应属不当，是不合法的。典型适用是上市公司收购中全面收购与部分收购。全面收购是以取得目标公司100%控股目的收购，后者是以取得目标公司部分控股目的收购。部分收购是易于形成控制权的交易，部分控股权掌握在部分股权收购者手中，对中小股东利益影响巨大，因此为保护其利益规制控股收购人，法律要求强制收购的出台，避免对少数中小股东权利的侵害。

c. 新的控股股东表决权的限制

美国立法在保护中小股东利益方面最有效的做法是限制新控股股东的表决权。理论界提出了"大股东作为公司管理者的权利与作为财产所有者的权利分开"的观点。判例与州立法中均强调"新的控股股东（控制股的买主）并不能自动获得这些股票所附有的投票权，有关投票权的转移必须得到大多数股东的同意，从而限制了大股东的表决权。使得控股股东随时处在非控股股东的诉讼威胁之下。所以为了防止累讼，通常是收购人在取得控制权后对剩余股份发出全面收购。

（2）英国对中小股东利益保护的立法实践

虽然英国普通法要求控股股东对非控股股东附有诚信义务，即需为公司整体利益行使权利，不得损害其他股东的利益。但是英国法院认为，控股股东以不适合于其他股东的价格出卖其股份构成对其他中小股东诚信义务的违反，收购方对这部分股份实行强制收购是对中小股东地位的排斥，因此法律中没有规定达到90%控股的收购人必须全面收购，结果反而导致实践中出现"两段收购"。不少收购方先以优惠的价格收购目标公司部分股份，取得对目标公司的控制权，随后利用其管理目标公司的权利排斥非控股股东对公司事务的参与，迫使非控股股东以低价出卖股份，严重损害了中小股东的利益。

《伦敦城收购与兼并守则》（简称《伦敦守则》）针对"两段收购"的弊端，规定了强制要约义务，即持有一个上市公司30%以上股权的股东必须向所有其余股东发出购买其余所有股票的强制性收购要约，其目的是保证目标公司股东在公司控制权转移之后，有机会以相同或近似的价格出售其股份。《伦敦守则》所确立的强制收购要约制度对欧洲其他国家产生了极大的影响，随后法国、西班牙、比利时也都根据《伦敦守则》的精神建立了自己的强制性收购要约制度。这是最典型的对中小股东利益保护的制度。

由此可见，保护中小股东的合法权益已经被确定为并购立法的基本原则，只有遵循此原则才能使外资并购从形式到实质都能实现公平、公正。尽管外资对中国国内公司收购的烽烟刚起，但由于国内证券法规不健全和证券市场不成熟等因素，外资进入股市的信息易引发股票交易市场剧烈动荡，从而导致泡沫式的过度投机行为，在这种投资过程中，对于信息闭塞和实力单薄的中小股东无疑是极其危险的事，因此对其加以立法保护应是外资并购立法之职责。在中国外资并购相关立法中确立保护中小股东利益原则意义重大。

第三章　外商投资法方面的相关制度

外资并购是国际投资活动的一种方式，对于外资并购的法律规制属于国际投资法的范畴，因而外商投资法是研究外资并购法律规制的基础法律。本章从中国的经济现状出发，提出外资法中关系跨国并购的几个重要问题，并购方的国际投资待遇问题、出资比例问题、外商增资扩股问题和外资并购的市场准入问题等。

一、并购方的国际投资待遇

国际投资待遇是指东道国对外国投资者和外国投资给予的法律上的待遇标准。目前涉及国际投资待遇的原则主要包括不歧视、公平公正、最惠国待遇和国民待遇等。无论是哪一项原则都涉及国际投资的各个阶段和各个方面，包括外资的进入、外商投资企业的经营、资本和投资利润的汇出等。

（一）国民待遇原则在国际投资法领域的适用

第二次世界大战后，随着国际经济相互依赖关系的加强和区域性经济合作组织和安排的发展，尤其是欧共体及经合组织的推动，国民待遇从最初适用于国际贸易领域移植到国际投资领域，成为国际投资法中普遍接受的重要原则之一。综观各国外资立法和国际投资条约的有关规定，国民待遇是指东道国"给予外国投资的待遇应等同于"（as the same favorable）其给予本国投资的待遇，这意味着排除了超国民待遇和次国民待遇两种情形。在国际投资方面，国民待遇原则主要是针对东道国政府的法律、行政规则和其他措施而言的。就是说，根据国民待遇原则，东道国有义务保证其法律、法规及其执行对本国人和外国人一视同仁，而不论相关的法律、法规属于何种性质或涉及的是何经济领域。

在国际投资中，外资企业在进入市场方面是否可以得到等同于东道国国民的待遇是主权权力的一部分，东道国有权拒绝外资的进入或在进入方面给予低于国民的待遇。由于与国际贸易不同，国际投资涉及东道国国内法和经济制度的各个方面，所以作为国际投资主要原则之一的国民待遇对东道国国内法的制定与执行、司法制度的设立、司法原则和标准、司法与行政机关的关系都有直接影响。可以说国际社会通过国民待遇原则涉入了许多传统上属于主权国家管辖的内部事务。目前由于国民待遇作为国际投资法的原则历史尚短，各国尚未就国民待遇原则的内涵和外延达成一致意见。因此就整体而言，作为国际投资法的原则，国民待遇还主要是条约规范，而非习惯国际法的一部分。也就是说相关各条约的规定仅适用于缔约国。

根据世界银行解决投资争端国际中心的问卷调查，在接受问卷调查的发展中国家中有约三分之一的国内法规定了外国投资者应享有的待遇，同时规定政府在允许外资进入方面有较大的自由裁量权。其余三分之二的国家的法律都给予外国投资者以国民待遇。大多数西方国家对来自国外的并购或投资活动，视同国内企业的并购行为，采取不予歧视的原则，赋予外国投资者以国民待遇。

（二）中国在外资并购方面应实行"有限制"的循序渐进的国民待遇

对于外资并购给予国民待遇，主要体现在民事权益保护、司法行政救济以及宏观管理三方面[①]。从中国目前相关的法律规定看，有关民事权益保护方面的立法，如《宪法》、《民法通则》、《合同法》、《担保法》、《票据法》、《保险法》等，均为涉内、涉外统一立法，已给予外资并购全面的国民待遇。在司法行政救济方面，有关立法如《民事诉讼法》、《中外合资经营企业法》、《中外合作经营企业法》、《外商独资企业法》、《关于鼓励外商投资的规定》等，给予外资并购司法行政救济方面的国民待遇相对也较充分，部分为超国民待遇。在宏观管理方面，中国的相关法律根据WTO《与贸易有关的投资措施协议》的规定[②]作出了修改，已经取消了"外汇平衡"、"当地成分要求"、"外销比例"等要求。综合来看，中国的外资企业所享受的是国民待遇、超国民待遇和次国民待遇三种标准并存。外资企业在政府服务、税收政策、社会负担等方面优于内资企业；而内资企业（国有企业）在市场准入、财政援助、信贷支持等方面优于外资企业。但从总体上看，外资企业的待遇优于多数内资企业特别是非国有内资企业。

国民待遇适用于外资并购意味着外资并购与内资并购应当享受同样的待遇，最终目标是在并购过程中所适用法律应当内外一致。这包含了两层含义：一层为取消对外资企业的歧视待遇；二是调整对其的优惠待遇，使其逐步与国内企业的待遇接近。应当指出的是按照世贸协定构建中国外资并购法，并不意味中国必须放弃对外国投资的一切限制性措施，也不妨碍中国根据经济发展目标对外资实行的必要监督和管理。我们可以利用世贸协定中的"例外条款"，依法保护本国的利益。

目前中国没有规范企业并购的统一法律，2009年6月修订的《关于外国投资者并购境内企业的规定》是关于外资并购最权威的、综合性

---

① 参见单文华：《外资国民待遇基本理论问题研究》，《国际经济法论丛》第1卷，法律出版社1998年版。

② 《与贸易有关的投资措施协议》规定，任何成员不得实施与1994年关贸协定第3条（国民待遇）和第11条（取消数量限制）规定不符的与贸易有关措施。

的法律规定。该规定基本上延续了目前中国外资领域内外分别立法的方式。未来通过制定一部涉内、涉外同时适用的《企业并购法》，来规制发生在中国境内的所有并购行为，是在外资并购方面适用国民待遇的最终目标。而目前在现有法律基础上，立法的努力方向是逐步协调不同法律法规关于外资并购的冲突之处，逐步统一内外资并购的法律规则，循序渐进地实现外资并购的国民待遇。

二、外国投资者并购国内企业的出资比例

所谓外资并购国内企业的出资比例问题，实质上涉及外资并购后，目标企业的性质和待遇问题。也就是说经过并购后原目标企业是属于外资企业还是内资企业，是否能享受中国相关法律中有关外资企业的规定[①]。

如果是跨国兼并，则不存在出资比例的问题，因为并购方已经取得了目标企业的全部资产或股权，而目标企业也丧失了法人实体，并购后的企业必然是外商投资企业。如果是跨国收购，则需要分不同情况来看。如前文所述，按照目标股权的多少跨国并购可以分为全面收购、少数股权收购和多数股权收购。在全面收购中，由于收购方已经收购了目标企业全部的股份，目标企业成为收购方的全资子公司，也就是外商独资公司，也不存在出资比例问题。可以看出，出资比例问题主要关系到跨国并购的少数股权收购和多数股权收购两种类型。

关于外国投资者的出资比例问题，在微观上它涉及合资企业管理权的分配和利益的分享，在宏观上它体现了各国对其境内的外国投资的政策导向。具体比例，各国规定不一，主要有两大类，一是在外国投资立

---

① 如果中国外资并购法律实现了国民待遇的适用，则并购后企业是外资企业还是内资企业就不太重要了。但在实现该目标之前，由于并购后的企业将继续适用中国现有的法律，该企业性质的分类就尤其重要了。

法中规定一个适用于国内一切行业的比例。其中又可分三种：1．有下限而无上限，如中国外资立法规定外资股比例下限为25%。2．规定上下限，可在此幅度范围内选择。3．无上下限规定，只有一种选择比例。二是在不同行业适用不同的比例。

在中国的外资立法中，对外商出资的规定相对简单，首先是只规定了一个适用于全国的比例，其次是只规定了比例的下限而无上限的规定。2001年修订后的《中华人民共和国中外合资经营企业法》第四条规定："在合营企业的注册资本中，外国合营者的投资比例一般不低于百分之二十五"。对于该条内容的理解应该是，中外合资企业中如果外国投资者的出资比例高于或等于百分之二十五则可以视为该法所指的中外合资企业。外资比例25%成为外商投资企业享受优惠待遇的临界点。一旦低于该临界点，则不能享受优惠待遇，大于或等于25%，则可以享受与外商投资企业相关的优惠待遇。

在外资并购中，外国投资者协议购买境内公司股东的股权，外国投资者的出资比例应为其所购买股权在原注册资本中所占比例。如果是多数股权收购，则收购后外国投资者持有目标企业50%～99%的股权，必然属于外商投资企业。如果是少数股权收购，而且收购方仅持有目标企业25%以下的股权，则按照《中华人民共和国中外合资经营企业法》的规定，就是内资企业，而非外商投资企业。

《关于外国投资者并购境内企业的规定》中第九条明确规定，"外国投资者在并购后所设外商投资企业注册资本中的出资比例高于25%的，该企业享受外商投资企业待遇。外国投资者在并购后所设外商投资企业注册资本中的出资比例低于25%的，除法律和行政法规另有规定外，该企业不享受外商投资企业待遇，其举借外债按照境内非外商投资企业举借外债的有关规定办理。审批机关向其颁发加注"外资比例低于25%"字样的外商投资企业批准证书（以下称"批准证书"）。登记管理机关、外汇管理机关分别向其颁发加注"外资比例低于25%"字样的

外商投资企业营业执照和外汇登记证。"这就是说，外资比例低于 25%
的并购后企业虽然名义上是外商投资企业，但不享有外商投资企业的优
惠待遇。对外贸易经济合作部、国家税务总局、国家工商行政管理总
局、国家外汇管理局 2002 年 12 月 30 日颁布的《关于加强外商投资企
业审批、登记、外汇及税收管理有关问题的通知》中第三条的规定，外
国投资者出资比例低于 25% 的外商投资企业，除法律、行政法规另有
规定外，其投资总额项下进口自用设备、物品不享受税收减免待遇，其
他税收不享受外商投资企业待遇。目前的操作基本上遵循了尊重现行外
商投资企业法有关规定的精神。比如，在外汇款额度和免税进口设备
额度的确定上，如果并购后成立的外商投资企业的外资比例超过 25%，
则仍然沿用现行外商投资企业的待遇，外资比例低于 25%，则不能享
受外汇贷款和免税进口设备的待遇。但凡是含有外资成分的外商投资企
业都可以开设外汇账户，享有自营进出口经营权[①]。

根据《关于向外商转让上市公司国有股和法人股有关问题的通知》
的规定，上市公司转让国有股，法人股执行原有政策，不享受外商投资
企业待遇。即向外商转让上市公司的国有股和法人股后，上市公司性质
未发生变更。这是外资并购境内企业的一项特殊规定属于《关于外国投
资者并购境内企业的规定》第九条中所提到的"法律、行政法规另有规
定"所指的例外情况。

三、外资并购中的增资扩股

从近年中国外商投资企业的构成看，外商越来越倾向于设立独资企
业。对于已经成立的中外合资经营企业的外方投资者而言，由于这些合
资企业无论从技术还是管理方面均已十分成熟，更适宜作为在中国并购

---

① 叶军著:《外资并购中国企业的法律分析》，法律出版社 2004 年版，第 278 页。

的目标，因此合资企业成为外资并购的重要目标。在外国投资者并购合资企业时，通过并购中方股权或增资扩股来获得企业的控制权，从而完成并购，成为一种主要方式。

外国投资者为了获得更大的利润并取得合资企业的控股权，经常会提出追加资本的要求，在这种情况下，如果中方不相应地成比例地追加资本，外方的单方增资可以逐渐实现对合资企业的控股。外国投资者通过增资扩股的形式并购经济效益好的合资企业已经成为外资并购的重要形式。

《关于外资并购境内企业的规定》中对于外资并购中并购方的投资总额规定了上限。外国投资者股权并购后所设外商投资企业的投资总额上限比例为：注册资本在210万美元以下的，投资总额不得超过注册资本的10/7；注册资本在210万美元以上至500万美元的，投资总额不得超过注册资本的2倍；注册资本在500万美元以上至1200万美元的，投资总额不得超过注册资本的2.5倍；注册资本在1200万美元以上的，总额不得超过注册资本的3倍。

该《规定》仅对外商投资企业投资总额的上限作出了限定，但没有具体规定增资的程序。为了维护合资企业中方的利益，防止合资企业被外方逐步控制，应该科学设定合资企业增资的幅度和程序，加快建设中方增资的金融服务，赋予中方对恶意增资的否决权。

未来在《外商投资法》中应规定在某些限制或禁止外资控股的产业不允许外国投资者运用"增资扩股"式并购，杜绝外国投资者以此方式规避外资准入的法律规定之行为。同时还应设立合资企业增资的数额和程序，当合资企业的一方单方面要求增加资本，并且增资的数额（一次或多次增资）会导致控股发生变化时，必须经过合资企业董事会全体成员一致通过，设立此程序的实质是赋予合资企业中方成员对外方成员的恶意增资的否决权。

四、外资并购的准入限制

在外资法中规定禁止或者限制外资进入的行业是各国的通例。由于并购属于外商直接投资的一种方式，所有禁止或限制外资进入的行业也当然禁止或限制外资并购。但由于跨国并购比跨国新设企业更容易引发东道国的垄断问题，因此在一些国家的外资准入规定中，有些行业虽允许外国投资者以新设企业的方式投资，却严格禁止或有条件限制外资并购。总体来讲，发展中国家的禁止或限制外资并购的领域较多，而发达国家相对较少。

在相关立法上，各国主要采取以下两种限制外资并购领域的方式。

第一，直接规定禁止或严格限制外资并购的行业。根据大多数国家的法律，国防或武器制造业；水、电等公用事业；广播、通信事业以及铁路运输等领域都禁止或限制外资的并购活动。即使在高度发达且对外资采取宽松政策的国家也不例外。如美国严格禁止外国人或由外国控制的公司在自然资源和能源、原子能、电力、采矿、通信等领域进行并购；德国法律对于外资并购规定了相对严格的限制措施，食品、手工艺、医药、交通、银行、饮食、旅游业的外国并购投资必须经过特许①。

第二，规定某些行业中外资并购时外国投资者的最高持股比例。如美国法律规定外国人在电报企业和合营公司或卫星通信公司中所占股权不得超过20%，在航空运输业不得超过25%。最为典型的是对于外资并购适用单行立法的澳大利亚。其《机场法》规定，外国公司收购澳大利亚的机场不得超过49%的股份；《船舶登记法》规定，外国公司对在

---

① 盛洁民：《论对跨国公司在华直接投资的反垄断对策》，载于北大法律信息网，http://article.chinalawinfo.com。

澳大利亚注册的船舶公司的并购股份不得超过 50%；此外，外国公司收购澳大利亚国内航空公司不得超过 25% 的股份，收购商业电视广播公司股份不得超过 15%[①]。

从中国目前有关外资并购准入的立法情况看，《关于外资并购境内企业的规定》总体规定了外资并购应适用国内相关法律、法规和规章。其第四条具体规定，外国投资者并购境内企业，应符合中国法律、行政法规和部门规章对投资者资格和产业政策的要求。依照《外商投资产业指导目录》不允许外国投资者独资经营的产业，并购不得导致外国投资者持有企业的全部股权；需由中方控股或相对控股的产业，该产业的企业被并购后，仍应由中方在企业中占控股或相对控股地位；禁止外国投资者经营的产业，外国投资者不得并购从事该产业的企业。被并购境内企业原有所投资企业的经营范围应符合有关外商投资产业政策的要求；不符合要求的，应进行调整。

中国的《外商投资产业指导目录》对于外商投资的准入行业进行了具体规定，目录内列入了鼓励、限制和禁止三类，未经列入的产业即为允许类。中国于 1997 年开始制定《外商投资产业指导目录》，其后于 2002 年、2004 年 2007 年分别进行了三次修订，2011 年完成了第四次修订。每一次对目录的修订都从产业技术升级以及环保等方面进行调整，将技术水平更高的产业，特别是高新技术产业与服务业列入鼓励类目录，而将"两高一资"类产业列入限制与禁止类目录。

[①]　林燕平：《论跨国并购的法律规制及入世后我国的对策》，载于国际法论坛，http://www.chinainterlaw.org。

第四章　反垄断法方面的相关制度

外资并购有可能导致并购方对东道国市场的垄断，当这种垄断导致的限制竞争的结果影响了东道国市场的有序竞争时，外资并购无疑会影响东道国社会竞争的健康发展，并损害其社会公共利益。这样的外资并购应受到东道国反垄断法的规制。

在垄断问题上，外资并购对于东道国的影响远远大于东道国国内企业间的并购行为。原因在于：一方面外资并购的规模之大、所涉行业与领域之广是国内企业的并购行为无法匹敌的；另一方面，参与到外资并购活动中的众多跨国公司，以全球市场作为其角逐目标，只要有利于其获得最大利润，是不会考虑东道国利益的。因此外资并购行为往往与东道国本国经济发展的目标存在差距。外资并购在东道国可能形成的垄断，涉及范围广，垄断程度高，对自由竞争的市场经济影响恶劣，有时甚至可能威胁东道国的经济命脉。因此，东道国在打开国门，欢迎外资并购的同时，必须充分认识到其对本国经济的潜在威胁，通过完善的法律来规制外资并购产生的垄断。

一、中国反垄断法规制外资并购的价值取向

（一）中国目前已经成为最具潜力的跨国并购市场

尽管外资并购尚未成为中国利用外资投资的主要形式，但在世界性

的跨国并购浪潮影响下，随着中国进一步的开放，外商直接投资更多地转向并购方式的投资。越来越多的国内外投资及分析机构认为，中国在吸引跨国并购的投资方面蕴含着巨大的潜力。原因如下：

第一，中国加入 WTO 后，对外开放程度不断加深，投资环境不断完善。《外商投资产业指导目录》进一步调整了外资进入某些行业的时间及比例。根据世贸组织的市场准入和国民待遇原则，外国投资者在经营方式、经营地域、股权结构、业务范围等方面都将逐步获得更多的权利。允许并购领域的不断拓宽，对于外国投资者无疑具有巨大的吸引力。

第二，外资在中国并购的选择目标越来越广。随着中国改革开放的深入，越来越多的国内企业被划入允许外资收购的范围。尤其是越来越多的国有企业参与到外资并购中。2002 年以来，中国加强了外资并购国有企业的立法工作，制定了一系列的法律规范，为外资并购国有企业创造了宽松的投资环境。

（二）外资并购在中国的部分产业已经出现垄断倾向

中国外资并购中出现的垄断倾向主要表现在两方面。一是外资通过加大控股并购力度，取得企业控制权。比较中国加入 WTO 之前，外资控股比例明显提高。这种控股并购是跨国公司全面衡量在华投资风险、资源投入、技术保密、企业控制和投资效率等因素后所作出的一种战略选择，也在一定程度上为其垄断中国市场奠定了基础。二是外资并购出现系统化，获得更多的行业控制权的倾向。近年来在外资并购中越来越呈现出对一个产业的上、中、下游各个阶段的产品或相关联的企业进行横向的投资，或对生产、流通、销售和售后服务等各个环节进行纵向的并购。通过系统化大规模的并购，跨国公司在较大程度上控制了中国某些行业，甚至形成了垄断趋势。这种通过外资并购形成的对中国某些行业及其主要产品的控制，导致国内市场竞争加剧，对中国产业结构的战略性调整也带来不可忽视的影响。

（三）中国反垄断法对外资并购的规制应在保护企业规模和促进竞争效率上作出很好的权衡

规模经济与竞争效率是国际上反垄断法规制外资并购始终在权衡、探究的问题。追求规模经济势必允许具有强势地位的企业产生，而垄断状态的存在会为垄断权力的滥用创造条件。所以将外资并购控制在何种程度上有助于更好地解决效率问题是中国反垄断法应当关注的问题。

笔者认为，一要考虑到外资并购的趋势，反垄断法应起到遏制外国跨国公司不良市场势力的作用，二要考虑到中国目前对规模经济的实际需要，与中国的经济发展目标和任务相衔接，与中国的产业政策相衔接。对中国这样的经济后发国家来说，在市场经济发展初期，面对的是来自先进国家垄断资本的巨大竞争压力，肩负的是在尽可能短的时间内缩小与发达国家的差距，进而实现赶超的目标。在这种情况下，追求规模经济就成为一个必然的过程。毕竟，"大企业可以利用规模经济效益的优势，同时也负责大部分的技术创新，在长期内推动了经济的发展。公众生活的现代水平是在相对不受约束的'大企业'时代演化出来的。"

当前，反垄断法领域的世界潮流是：各国纷纷"软化"其反垄断法，对外资并购采取相对宽容的姿态。其原因是：随着经济的日趋国际化和企业所面临的国际国内竞争的加剧，一个企业能否生存与发展越来越取决于其是否具有国际竞争能力。而大型跨国企业集团无论是在跨国投资，还是在商品、服务以及知识产权的交易乃至于提供就业机会方面都有着举足轻重的地位，在国际竞争中往往能取胜。反垄断法作为各国发展市场经济的内在要求，它必然体现了市场经济若干共同的、一般的准则，借鉴其他国实施反垄断法方面长时期的、比较成熟的实践经验，有利于中国少走弯路，也有利于与国际通行做法接轨。

综上所述，中国反垄断法应将"预防垄断"与"兼容规模经济和竞争活力"同时作为基本着眼点,在保护企业规模和促进竞争效率方面找到平衡点。

二、界定外资并购构成垄断的标准

(一)市场界定问题

市场界定虽然是一个技术性问题,但却是反垄断案件经济分析的起点。因为相关市场的界定直接关系到当事企业市场占有率的计算、进入市场难易程度以及垄断行为的违法性等关键问题,也是确定企业是否拥有市场支配地位和衡量企业能否合并的基础标准。一旦确定了相关市场,则在该市场内的企业之间所存在的竞争关系,以及具有替代关系的商品或服务的范围也随之确定。因此在已经建立反垄断制度的国家和地区,相关市场的界定问题成为执法基础。

在竞争法领域,相关市场是指行为人开展竞争的区域或范围,对于该区域或范围的确定被称为市场界定(market definition)。经合组织(OECD)对"市场界定"作出了下列描述:"市场界定有两个基本方面:(1)产品市场,即成为一类的产品;以及(2)地理市场,即成为一类的产品的地理区域。市场界定考虑需求和供应两个问题。在需求方面,产品必须在买者看来是可替代的。在供应方面,销售商必须包括生产或者能够轻易地转产相关商品或者密切替代品的人。市场界定一般包括实际的和潜在的销售商,后者是指如果价格合适就能够迅速地改变其生产工艺以供应替代品的厂商"[1]。

迄今为止,各国在竞争法上的市场界定方法有两种:一种是传统的产品功能界定法;另一种是 SSNIP 界定法(Small but Significant and Nontransitory Increase in Prices),即"小而显著非短期的价格增加",该

---

[1] OECD, "Glossary of Industrial Organization Economics and Competition Law", p.54.

方法也叫"假定的垄断测试"（the hypothetical monopolist test）。

包括美国的反托拉斯法和欧盟的竞争法在内，在早期都从产品所具有的物理特性和功能特性出发，运用产品功能界定法完成市场界定。随着经济学理论的发展，新的更为精确和可计量的市场界定方法得以产生，美国 1982 年率先采用了 SSNIP 界定法。1997 年欧盟也在其《市场界定通告》中明确放弃传统的产品功能界定转而采用 SSNIP 界定法。

1. 产品功能界定法

产品功能界定法主要是依据产品功能上的互换性或用途上的合理互换性来完成对相关市场的界定。在实践中，产品功能界定法主要采用相似产品间交叉价格弹性[①]来判断两种产品是否属于同一市场，如果两种产品的交叉价格弹性大于零，且没有明显的时滞，那么这两种产品应为互相代替品属于同一市场。"用途上的合理互换"是指只有当两种产品在消费者看来具有合理互换性的情况下，才能认定这两种产品属于同一市场。后来这种产品的互换性被扩大到包括产品的功能、价格和用途等方面。产品功能界定法的缺点是，市场界定结果往往具有很强的主观任意性。要判断两种产品是否属于合理替代品，具有不同专业知识背景的人会作出不同、甚至相反的判断，而且选择可能达到合理互换的相关产品也具有很大的随机性。

2. 假定垄断者测试分析（SSNIP）界定法

为克服传统的产品功能界定法所固有的主观性，美国在 1982 年颁布的《合并指南》中提出了 SSNIP 界定法。这种方法是从合并后的企

---

① 交叉价格弹性（EAB），是一种商品价格变动引起另一种商品需求量变动的反应程度，即一种商品价格变动百分之一引起另一种商品需求量变动的百分之几。商品的 EAB > 0 表明 B 商品需求量和 A 商品价格成同方向变动，称为互相代替品，如米和面。EAB < 0 表明 B 商品需求量和 A 商品价格成反方向变化，称为互为补充品；如汽油和汽车。和 EAB = 0 表明在其他条件不变时，B 商品需求量和 A 商品价格变化无关。

业的一个假定的狭小产品（或）地理市场出发，逐步分析在价格发生小幅、显著和非短期性变化情况下（一般情况是假设在可预见的未来价格上升了5%～10%）企业盈利的变化情况，如果价格上涨后有足够多的消费者转向其他产品（或地理）市场，那么企业就不能从涨价中获利，原先作为分析起点的产品（或地理）市场就应当被扩大到消费者拟转向的目标市场，这个测试要一直进行下去直到最终出现某一产品（或地理）市场，在该市场上企业可以通过涨价实现盈利。

SSNIP界定法实际上是一种思想实验，在实验的每一阶段，那些被称为"最好的替代品"都将纳入产品市场中来，直到一些产品形成一个组合，这个组合就是竞争分析所要界定的市场。因为在这个市场内，如果假定的垄断者提高价格5%，那么消费者就会转向其他的替代品，提高价格使并购后企业的销售量下降，并不能从中获利。而在这个组合之外，垄断者如果继续提高产品价格的话，因产品间无法替代，消费者别无选择只好继续购买该企业的产品，并购后的企业就可以从涨价中获利。因此，在这个组合之内，假定的垄断者的产品与其他产品就构成了竞争关系，而这个组合就是需要界定的相关市场。

SSNIP界定法要求反垄断机关在界定市场时考虑以下因素：客户对显著性价格变化反映的历史记录、计量经济学的研究成果（包括不同产品间的需求交叉弹性）、调查和其他诸如竞争者和客户关于市场边界和价格变化后市场反映的看法等信息，但这些信息在现实生活中难以获得，这是该方法的缺点。实践中，美国的全国检察官协会建议，除非有充分证据证明SSNIP界定法可行，在一般情况下，如果有75%的消费者认为两个在价格上可比的有替代关系的产品（或地理区域）属于同一市场，那么就应当将这两个产品（或地理区域）界定为同一产品（或地理）市场。

3. 中国市场界定的方法选择

《中华人民共和国反垄断法》第十二条第二款规定，"本法所称相关市场，是指经营者在一定时期内就特定商品或者服务（以下统称商品）进行竞争的商品范围和地域范围。"中国《反垄断法》采用的是与欧美竞争法相同的二维分析法，即相关市场界定包括了对相关产品市场和相关地域市场两个方面的考量。2009 年 5 月颁布的《国务院反垄断委员会关于相关市场界定的指南》第三条在此基础上对相关市场进一步界定为，"相关市场是指经营者在一定时期内就特定商品或者服务（以下统称商品）进行竞争的商品范围和地域范围。在反垄断执法实践中，通常需要界定相关商品市场和相关地域市场。相关商品市场，是根据商品的特性、用途及价格等因素，由需求者认为具有较为紧密替代关系的一组或一类商品所构成的市场。这些商品表现出较强的竞争关系，在反垄断执法中可以作为经营者进行竞争的商品范围。相关地域市场，是指需求者获取具有较为紧密替代关系的商品的地理区域。这些地域表现出较强的竞争关系，在反垄断执法中可以作为经营者进行竞争的地域范围。当生产周期、使用期限、季节性、流行时尚性或知识产权保护期限等已构成商品不可忽视的特征时，界定相关市场还应考虑时间性。在技术贸易、许可协议等涉及知识产权的反垄断执法工作中，可能还需要界定相关技术市场，考虑知识产权、创新等因素的影响。"该界定在商品市场、地域市场之外增加了对相关技术市场以及相关时间市场的考虑。

在相关市场的界定方法方面，《国务院反垄断委员会关于相关市场界定的指南》借鉴了欧美发达国家经过实践证明的比较成熟的方法。分别从需求替代角度和供给角度界定相关商品市场和相关地域市场，并明确列举了考虑的主要因素。第五条规定，"需求替代是根据需求者对商品功能用途的需求、质量的认可、价格的接受以及获取的难易程度等因素，从需求者的角度确定不同商品之间的替代程度。原则上，从需求者角度来看，商品之间的替代程度越高，竞争关系就越强，就越可能属于同一相关市场。"第六条明确,"供给替代是根据其他经营者改造生产设施的投入、承担的风险、进入目标市场的时间等因素,从经营者的角度确定不同商品之间的替代程度。原则上,其他经营者生产设施改造的投入越少,承担的额外风险越小,提供紧密替代商品越迅速,则供给替代程度就越高,界定相关市场尤其在识别相关市场参与者时就应考虑供给替代。"

本章中对国际认可的假定垄断者测试分析界定法进行了专门说明,表明中国对该分析方法的重视程度。在实践中应借鉴欧美运用 SSNIP 方法积累的经验并结合中国的实际情况,借助经济学工具分析相关数据,科学界定相关市场。

(二)市场集中度的判断

市场集中度在一定程度上可以说明企业在相关市场上的地位,以及具有该地位是否已经足以限制竞争。它是判断一项并购是否构成垄断的重要标准。目前主要有两种不同的方法。

1. 用市场份额来判断

以德国为例,根据德国《反对限制竞争法》第 22 条第三款,对于横向企业,如果企业并购以后,一个大企业至少占到三分之一的市场份额,三个或三个以下的企业共同达到二分之一的市场份额,五个或五个以下的企业共同达到三分之二的市场份额,则这个企业或者这些企业就被认为取得了市场支配地位,除非它们能证明在市场上或者这些企业之间还存在实质性竞争,否则即予以限制。而对于非横向并购,该法采用了显著市场地位的方法。第 23 条规定,如果一个年销售额超过 20 亿马克的企业并购一个中小企业,且并购以后企业的市场份额超过 5%;或者如果年销售额超过 20 亿马克的企业与一个或几个市场上占支配地位且年销售额在 1.5 亿马克以上的企业进行并购;或者如果参与并购的企业年销售额达到了 120 亿马克，且其中两个企业的年销售额达到 10 亿马克，也推断企业取得了市场支配地位。

2．用赫芬达尔指数（HHI 指数）判断

美国在判断市场集中度时引入了赫芬达尔指数（HHI 指数）。美国以前衡量市场集中度的方法是以前四位或前八位企业的市场份额为标准。而 1982 年新准则是以同一行业中各企业市场份额的平方之和（即 HHI 指数）来衡量集中度[①]。它把行业内全部企业的市场份额均考虑在内。使用 HHI 指数的原理在于一个或一个以上的企业拥有相对较高的市场份额，应该比最大四家企业所占的份额引起更多的关注。

举例说明，如果最大的四家企业每家占有的市场份额均为 15%，其余的 40% 由 40 家企业占有，每家的市场份额均为 1%，则该市场的 HHI 指数 H1 为：

$$H1=4 \times 15^2+40 \times 1^2=940$$

而在另一个市场中，一家最大的企业占有 57% 的市场份额，剩余的 43% 由 43 家企业占有，每家的市场份额为 1%。与第一个市场相同，四家最大企业的集中率同为 60%，然而该市场的 HHI 指数 H2 为：

$$H2=57^2+43 \times 1^2=3292$$

可见，HHI 指数反映了对企业间规模分布不平等和行业销售集中度两方面的考虑。HHI 指数不同，被认为代表不同的市场集中度，进而导致不同的法律后果。根据这种方法，美国《合并指南》将市场集中度划分为低集中度市场（该指数小于 1000）、中等集中度市场（该指数在

[①] 威斯通等著，唐旭等译：《兼并、重组与公司控制》，经济科学出版社 1998 年版，第 509 页。

1000 到 1800 之间）和高集中度市场（该指数大于 1800）三类。如果 HHI 指数并购后在 1000 以下，一般认为并购不会导致市场的集中，无须对并购作进一步的竞争分析。如果并购后的 HHI 指数在 1000 到 1800 之间，并购后的市场被认为是适度集中，此时如果并购所引起的 HHI 指数增量不到 100，则该并购通常被认为不会引发管理层的担心而得以顺利通过；但如果并购所引起的 HHI 指数增量超过 100，则需要仔细分析一些相关因素以确定并购是否导致并购当事人市场地位的显著提高。如果并购后的 HHI 指数高于 1800 则代表市场高度集中。此时如果并购所引起的 HHI 指数的增量不超过 50，则并购可以通过；但如果超过了 50，则并购引发垄断的可能性大大增强，反托拉斯机关需要对并购进行仔细的调查。

3. 中国反垄断制度中的市场份额与市场集中度

目前在中国，无论是考察相关市场的基本状况，还是分析对相关市场的影响，都离不开对市场份额的评估。中国经营者集中反垄断审查已经将"市场份额"列为评估市场结构影响的重要因素。《反垄断法》第二十七条规定，审查经营者集中，应当考虑下列因素：（1）参与集中的经营者在相关市场的市场份额及其对市场的控制力；（2）相关市场的市场集中度；（3）经营者集中对市场进入、技术进步的影响；（4）经营者集中对消费者和其他有关经营者的影响；（5）经营者集中对国民经济发展的影响；（6）国务院反垄断机构认为应当考虑的影响市场竞争的其他因素。中国立法将评估市场份额和市场集中度列为经营者集中的重要审查因素。

商务部反垄断据《关于经营者集中申报文件资料的指导意见》第五条第二、三款规定："相关市场基本状况，包括但不限于从市场总体规模及发展现状、主要市场竞争者及其市场份额和联系方式、市场集中度、相关市场产品进出口状况及关税、运输成本、各国价格水平等方面分析，并提供数据来源和计算依据、证明文件等。集中对市场结构的影响、包括但不限于从集中各方最近两年营业额及市场份额、集中各方经营方式等方面分析，并提供数据来源和计算依据、证明文件等。"

一般来讲，经营者拥有的市场份额越高、其市场力量越大。但市场份额标准还会受到其他市场条件的制约，如集中各方经营方式等，相同的市场份额在不同的市场结构下意义不同。要准确考察经营者集中行为的影响，市场集中度比市场份额指标更加准确。

中国目前公布的经营者集中的相关细则中尚未引入 HHI 指数。HHI指数可以将并购前后的市场集中度进行量化与细分，既可以计算出并购后的市场集中程度，也可以算出并购导致的市场集中度的增量，并根据这两个指标划分不同的情况，进行区别对待。可以说用 HHI 指数判断的市场集中度精确度较高。但该方法在确定三类市场划分上要求有非常精准的经济分析基础，对于反垄断机构的执法水平要求较高。

适用市场份额判断的方法，尤其是根据销售额对并购造成的垄断进行规制的方法，不一定能够真实反映某一特定市场的集中程度以及某一并购对于该领域自由竞争的确实影响，而这些固定的销售额以及比例的作用在于推定因并购而产生的市场地位。这种方法要求成文法规定的构成垄断的标准应基于市场情况的变化而随时调整，以尽可能真实的反映市场集中的程度。该方法的优点是，标准明确，对于参与并购的企业来说，可以清楚知道所进行的并购是否为法律所禁止或限制，对于反垄断机构而言，该方法简便易行，实行成本比较低。

笔者认为，近期内我们应该继续完善和细化已经采用的市场份额判断方法，可以考虑引入考察前四位企业市场份额总和（CR4[①]）这样的方法。但最终，当执法机关具备相关的经济分析基础后，应当考虑采用 HHI 指数进行判断，同时将市场份额方法作为前者不能实现时的

---

① 参见第二章第一节第 47 页相关内容的分析。

补充选择。

在外资并购的反垄断规制领域，中国可参照美国的做法，颁布《外资并购反垄断指南》作为反垄断审查机关的法律依据。该指南可根据中国经济发展的不同阶段予以不断地调整。而鉴于各方面对经营者集中的申报标准意见不一致，《反垄断法》不再规定经营者集中的具体申报标准，该法第二十条规定："经营者集中达到国务院规定的申报标准的，经营者应当事先向国务院反垄断执法机构申报，未申报的不得实施集中。"总体上看，中国目前这种从并购企业的市场份额出发，防止企业并购后拥有的市场份额过大和出现市场集中度过高的情况是合适的。但是从长远来看，尤其是随着市场的完善和统计事业、信息产业的进步，采用赫尔芬达尔指数更为精确，更能反映市场的集中度。

4．横向、纵向与混合并购的考察标准

横向并购，系指市场上竞争对手间的并购[①]。在横向并购中并购与被并购企业处于同一行业，产品属于同一市场，其并购的主要经济目的就是在于消除竞争，增加并购企业的市场份额。通常认为，横向并购即便没有导致垄断的出现，但形成垄断的趋势是明显的。所以，《反垄断法》必须对其严加规制，根据英、美立法和实践之经验，中国《反垄断法》应规定从以下方面对其考察，包括：（1）外资并购是否明显导致市场集中化；（2）外资并购是否使进入该行业困难；（3）外资并购是否产生潜在的反竞争效果；（4）外资并购是否违反国家引资战略和外资产业政策等。

纵向并购中被并购企业的产品处于并购企业的上游或下游，是前后工序的生产关系，其并购的经济目的可以是为保证销路或为保证供应。同横向并购相比，纵向并购造成的限制竞争程度显然没有其严重，但这

---

① Henry Campbell Black's Law Dictionary. p.892.

种可能却一样地存在。如一家供应商成功并购另一家买主后，其他供应商就有可能被排斥在这家买主所代表的那部分市场之外。

美国 1968 年《合并指南》曾对纵向并购的此类限制竞争特点作出规定："（1）当供给厂商在它的市场上占有 10% 或更多的市场销售额，购买厂商占有该市场购买总量的 6% 或以上的，并购通常应受到干预；（2）当购买厂商占市场购买总量的 6% 或以上时，供给厂商占市场销售 10% 或以上时，并购通常会遇到干预……"

根据纵向并购的特点，中国《反垄断法》对外资纵向并购的经济合理限度之规定应考虑以下因素：（1）并购的对象是否是竞争性供给者；（2）有无图谋取消被并购方所拥有的那部分市场；（3）是否进行掠夺性定价；（4）是否易形成行业进入障碍；（5）是否存在价格歧视；（6）并购规模对相关产业的影响程度；（7）并购是否符合国家引资战略和外资产业政策等。

混合并购中并购与被并购企业分别处于不同产业部门、不同的市场，且这些产业部门之间没有特别的生产技术联系，所以其造成的控制或垄断现象的可能性跟横向并购或纵向并购相比较是最小的。但其仍然可能对有效竞争产生损害，主要表现于减少竞争、促成垄断、引致不正当商业行为等。混合并购减少竞争的可能主要是依据"潜在竞争者理论"，即如果一个意欲进入新市场的大型企业被市场上现有的企业公认是潜在竞争者，那么它通过合并一个市场上已有的、占有相当市场份额的企业进入市场，就会减少市场竞争。

这种现象在外资并购中很普遍，因为在目前中国实施严格外资产业政策和外商对中国市场缺乏了解的情况下，外商以混合并购进入中国市场是较为安全和高效的方式。如在粤海投资收购深圳啤酒厂、麦芽厂和中山威力洗衣机厂、岘壳集团并购顺德华宝公司、中策控股太原橡胶厂等典型案例中，并购方都可能充当了"潜在竞争者"的角色。此外，混合并购也可能引致不正当商业行为，包括商业互惠而导致的价格歧视和市场进入壁垒等。

总之，中国《反垄断法》对外资混合并购的经济合理限度的判断应考虑以下因素：(1) 混合并购的规模是否对相关产业产生举足轻重的影响；(2) 混合并购是否涉及潜在竞争者；(3) 混合并购是否引致价格歧视和市场进入壁垒；(4) 混合并购是否造成集中性市场；(5) 混合并购是否符合国家引资战略和外资产业政策等。

三、禁止并购的豁免

任何事物都有双重性，超出经济合理限度的跨国并购是否都要禁止，也需视情形而定。当某些跨国并购事实上已超出并购的经济合理限度但其带来的积极效果却远远大于消极效果时，反垄断法应对其作出禁止并购的豁免，否则有悖法之正义、公平价值。根据美国、日本和德国的反垄断立法和司法经验，对禁止企业并购的豁免主要包括改善市场条件、潜在的市场进入、整体经济和社会公共利益等三种情况。

（一）改善市场条件

德国《反对限制竞争法》第二十四条第一款规定："如可以预见，因并购将出现控制市场的地位，或加强控制市场的地位，则卡特尔当局享有下列规定中所称的权限（指禁止合并），但参与并购的企业能够证实其因合并也改善了竞争条件，且这一优点超过因控制市场所产生的缺点，不在此限。"改善市场条件作为禁止合并之豁免在其他国家立法和实践也屡见不鲜，如日本公平交易局在审查"日本卫星通讯开发公司兼并日本卫星公司案"时，虽然兼并公司在完成兼并后，将占有本行业最大市场份额，但公平交易局考虑到"商业前景暗淡的日本卫星公司独立维持经营已不可能，兼并行为显然是对其挽救，况且难以找到一个比卫星通讯开发公司更适宜的兼并者"的理由，对此兼并案作出豁免裁决[①]。

概括起来，因改善市场的竞争条件从而可以得到豁免的并购主要有以下几种情况：

（1）占市场支配地位的大企业取得其他市场上的小企业；

（2）在独占的或者少寡头垄断的市场上，一个新进入市场的强有力的竞争者可以被视为是推动竞争的新生力量，从而可以改善市场的竞争状况；

（3）占市场支配地位的一个大企业取得同一市场上一个市场份额非常小的竞争者；

（4）占市场支配地位的企业兼并濒临破产的企业。

在外资并购中，相当数量的并购是由于东道国企业经营不善，外资才得以介入的。从效果上看，这类并购既解决了东道国国内缺乏资金投入的难题，又挽救了被并购的企业。因此比较容易得到东道国反垄断法的豁免。在中国，改善市场竞争条件的外资并购在实践中不乏实例。如"美国柯达公司并购厦门福达案"中，福达原是国内少数几个知名感光企业，但进入 20 世纪 90 年代后由于各种原因经营不善，负债累累，濒临破产，而被柯达并购后，据报载，并购后次年产值达 19 亿元，同比增长 944%，当年纳税额超过其前十几年的总和。

（二）整体经济和社会公共利益

以维护整体利益或者社会公共利益为由，要求对某些产生或加强市场支配地位的并购进行豁免，这在各国反垄断立法和司法实践中已成通例。比如在德国《反限制竞争法》第二十一条第三款就明确规定："在个别情况下，如果并购对整体经济带来的利益可以弥补对竞争的限制，

---

① Competition Policy in OECD（1993-1994），OECD Publications and Information Centre.1997. p.375.

或该并购符合某一重要的公共利益，则联邦经济部长应申请批准并购；在此，也应对参与并购的企业在本法运用范围以外的竞争能力加以考虑……"。这就确定"整体经济"、"公共利益"以及"国际竞争力"三项可成为个别企业并购的反垄断规制之豁免。

2003 年《外国投资者并购境内企业暂行规定》中没有有关"社会公共利益"豁免的表述。第二十二条第四款是豁免"可以改善环境"的外资并购，从广义上理解是属于社会公共利益的范畴，但该规定没有明确界定改善环境的标准和内涵。

（三）增强企业国际竞争力

东道国的国内企业通过并购加强在国际市场上的竞争力，可以使东道国获得产品出口、资本输出以及外汇收入等多方面的利益。尤其在当前世界经济一体化的大背景下，各国都采取积极措施鼓励企业通过并购增强其自身的经济实力。因此，增强企业的国际竞争力成为目前很多大型并购获得批准的重要原因。这种豁免理由在一向以反垄断著称的美国也一样畅行无阻。如美国波音与麦道公司已占据国内甚至国际飞机制造业的较大市场份额（波音公司实际上已是世界最大飞机制造商），但为与欧洲的空中客车对抗，政府毅然允许两家公司合并，其交易额达 140 亿美元，成为全球飞机制造业超级霸主。

但是这一豁免理由在外资并购中运用要比国内并购严格。由于大量的跨国公司在东道国的并购活动增强了跨国公司本身的竞争力，而对于被并购的本国企业而言，如果企业规模不大，则仅仅成为跨国公司全球战略的一个微小组成部分，达不到增强自身国际竞争力的目的。在实践中，相对国内并购，东道国的反垄断机构一般不会轻易接受跨国并购投资者增强国际竞争力的豁免理由。

《外国投资者并购境内企业暂行规定》第二十二条第三款豁免理由是针对"引进先进技术和管理人才并能提高企业国际竞争力的"外资并

购，这里虽然提出了提高国际竞争力的理由，但着眼点在于引进先进技术和管理人才。可以理解为对于那些国内生产技术落后，开发能力较差，在国际市场上缺乏竞争力的行业，考虑适当放宽掌握先进技术的外国公司并购国内企业的的经济合理限度的控制，以期国内企业在并购后从技术转移和人才培养方面获益。

2006 年修订的《关于外国投资者并购境内企业的规定》第五十四条保留了 2003 年《外国投资者并购境内企业暂行规定》第二十二条的内容，规定"有下列情况之一的并购，并购一方当事人可以向商务部和国家工商行政管理总局申请审查豁免：第一，可以改善市场公平竞争条件的；第二，重组亏损企业并保障就业的；第三，引进先进技术和管理人才并能提高企业国际竞争力的；第四，可以改善环境的。"以上四类都属于有利于社会公共利益的情形。但在该规定 2009 年的修订版中，取消了五十四条。原因是《反垄断法》颁布后，第五十四条所属的第五章"反垄断审查"被删除，统一适用《反垄断法》及其他相关规则。

根据《反垄断法》第二十二条的规定，"经营者集中有下列情形之一的，可以不向国务院反垄断执法机构申报：（一）参与集中的一个经营者拥有其他两个经营者百分之五十以上有表决权的股份或者资产的；（二）参与集中的每个经营者百分之五十以上有表决权的股份或者资产被同一个为参与集中的经营者拥有的。"可见，如果参与集中的经营者有共同的母公司，或者其中有一个经营者是其他各家企业的母公司，则这样的集中交易属于企业集团内部的并购重组，不属于《反垄断法》规制下的"经营者集中"。中国《反垄断法》对禁止并购的豁免只提及了以上的两种情形，笔者认为是不充分的，有必要增加有利于改善市场条件、促进社会公共利益、增强企业国际竞争力等豁免情形。

四、外资并购规制的域外效力问题

伴随着企业的生产、经营和管理活动从一国领域之内走进了其他不同国家，甚至走向了世界各地，一项企业并购将会成为两个或两个以上国家的反垄断法的规制对象的事例，也已不再是个案。不仅发生在具有不同国籍的企业之间的外资并购，理所当然地要受到各当事国反垄断法的规制，即便是在具有同一国籍的企业之间发生的并购，当参与并购的各当事企业在其国籍国以外的其他国家也从事商品生产、销售等经营活动时，这些国家也会关注这项并购对本国的相关市场内的竞争活动产生的影响。因此，这些国家也同样会将其列为规制的对象。这使原本已十分棘手的跨国并购控制问题更加复杂化了。尤其是在目前尚不存在国际性的反垄断法规的状况下，各相关国家分别依据各自的反垄断法对同一并购实施规制时，必然要遇到种种冲突。

（一）反垄断法的域外适用问题

反垄断法作为外资并购国际规制的核心制度，其国际化也初见端倪。反垄断已由原来本国企业与政府之间的利益博弈升格为多国企业与并购国政府之间、相关国家政府之间的利益均衡过程。外资并购所带来的相当复杂的法律规制问题成为各国反垄断法的冲突及国际规制的重要内容。

反垄断法的域外适用始于美国，其他一些国家随之加以仿效，主张本国反垄断法的域外适用。美国反托拉斯法依据效果原则规定，发生在美国境外且与美国反托拉斯法精神相抵触的行为，不论行为者国籍，也不论行为场所，只要该行为对美国市场可能产生限制竞争的影响，美国法院对之就有管辖权。欧盟竞争法的域外效力是通过欧盟委员会的决定以及欧洲法院的判例确定的。其主要理论依据是"单一经济体理论"，依该理论：住所位于欧盟的子公司，受其他公司的有效控制，由于其间的一体化关系，其在欧盟内的行为被认为是等于其控制者的行为，而不论其控制者位于何地[①]。即外国公司的子公司或分公司位于欧盟境内时，它们是根据境外的母公司的指示行动，母公司必须对子公司的行为承担责任，因此欧盟竞争法可以适用于该外国母公司的域外行为。

现在，许多国家的反垄断法都相继规定了域外效力，这不可避免地造成法律上的冲突，既有管辖权上的积极冲突，也有实体法上的差异，导致各方对同一案件作出不同的判决。这种域外效力原则遭遇到许多的质疑，反垄断法属于传统的公法领域，主权原则是国际关系中的基本准则，在国际交往中既要维护自己的主权，同时也要维护他国的政治利益。如果完全不顾及外国公法的规定，也会成为国家间交往的障碍。由于这是一个由主权国家并存的社会，如果各国均将本国法的规定实施域外适用，那么势必将会侵害他国的主权和利益，从而引发国家间的管辖权冲突。

（二）各国外资并购规制的域外适用

上述冲突及影响突出表现在跨国并购的案件中，2001 年 7 月，美国通用电器并购霍尼韦尔公司一案遭到欧盟委员会的正式否决；1997 年波音与麦道两个美国航空公司的并购同样受到欧洲监管机构的审查。

如前所述，为了防止和消除外国企业实施的并购对本国市场造成限制竞争的负面影响，不少已经建立起反垄断法律制度的国家，把这些并购活动也纳入本国企业并购控制制度的适用范围之内。因此，也就产生了企业并购控制制度"域外效力"问题。即当在外国或域外发生的企业并购对本国或域内的市场竞争产生了恶劣的影响时，依据什么样的标准，本国的企业并购控制制度才可以适用于该发生在外国或域外的企业

---

① 参见许光耀：《欧共体竞争法研究》，法律出版社 2002 年版，第 300 页。

并购的司法管辖权问题。

这一问题，通常分为有关企业并购的事前申报制度的域外适用和关于企业并购控制的实体法规定的域外适用两个问题。第一，企业并购控制中的事前申报制度的域外适用。对于外国企业并购的情况，美国以其"效果主义"原则，对于事前申报制度的适用也不会例外。而欧盟决定是否应当适用事前申报制度的基本依据，是参与该项企业集中的当事人在世界范围内和欧盟领域内的销售额，而不论当事人的国籍。由此可见，在企业并购的事前申报制度上的域外适用，是美国、欧盟等的通例。各有关国家的反垄断当局同时要求当事人必须于事前向其提出相应的申报材料和重要情报的事例，也不再是个案了。基于事前申报制度的预防性作用，这种多方申报在目前仍是解决并购的不确定后果的较为有效的办法。实际上，"因事前申报制度的域外适用而引发出法律冲突的案例，也是极为少见的。"[1] 第二，企业并购控制的实体法的域外适用。各国在并购控制的违法性判断标准问题上的分歧是显而易见的。这与上述各国在反垄断法的域外适用问题上所持的基本立场也是一贯的，在这方面目前仍没有形成国际上公允的标准。

（三）中国目前的法律规定

反垄断法的域外适用在国际上是被基本公认和一致采用的，域外适用原则在中国经营者集中监管领域得到了适用，而且是较为严格的适用。《反垄断法》第二条规定，"中华人民共和国境内经济活动中的垄断行为，适用本法；中华人民共和国境外的垄断行为，对境内市场竞争产生排除、限制影响的，适用本法。"根据二十二条，如果集中交易发生在中国境内，并构成了垄断，就要受到中国法律的管辖，而不论当事方

---

[1] 参见王为农：《企业集中规制基本法理——美国、日本及欧盟的反垄断法比较研究》，法律出版社 2001 年版，第 257 页。

经营者的国籍、住所等；即使集中交易发生在中国领土之外，只要对中国国内市场的竞争环境造成了排除、限制的不良后果，也同样适用中国法律。而在司法实践中，由管辖权问题引发的机构冲突很可能上升为国家间冲突和国际冲突。笔者认为，未来应引入"恰当属地原则"，即要求中国对具体的集中交易进行法律管辖时，应当至少与该集中活动有合理的地域上的联系，并就此问题作出补充性规定，以避免过度域外适用可能造成的国家间冲突。

第五章　公司法方面的相关制度

在当今社会中公司是企业存在的最主要的形式，外资并购也主要是在两个公司当中进行。《公司法》是并购行为需要遵循的基本法律。本章将主要从《公司法》对外资并购的有关影响方面展开论述。

从外资并购适用《公司法》与外资法的优先关系上看，中国《公司法》第二百一十八条的规定，外商投资的有限责任公司和股份有限公司适用本法；有关外商投资的法律另有规定的，适用其规定。根据以上规定，当外商投资的法律与《公司法》的规定发生冲突时，外资并购应当首先适用外商投资的相关法律规定，如果没有具体规定的，则应当适用《公司法》的相关规定。应当注意的是这里的法律应当仅指《中外合资经营企业法》、《中外合作经营企业法》、《外商独资企业法》三部法律，而不包括其他的部门规章。作为法律，《公司法》的效力应高于其他的部门规章。因而当部门规章与《公司法》出现冲突时，应当优先适用《公司法》的有关规定。

中国 2006 年实施了现行《公司法》。从修订结构上看，新法在原《公司法》基础上增加了有限责任公司的股权转让和公司董事、监事、高级管理人员的资格和义务两章；从内容上看，新法在股东的出资、公司的设立条件、公司的对外投资和对外担保，成立一人公司，充分体现公司和股东的意思自治，小股东权益保护，公司管理者的义务和责任等方面作了较大的改动。《公司法》大幅度降低公司注册门槛，大幅度缩短发起股东股权流动时间，允许私募，其立法倾向就是积极鼓励股份公司的设立和股权流动。应该说股份公司是与有限责任公司相比更为先进的组织方式，先进的根本就是其更好的股权流动性，能更方便地聚集社会资源，使要素更快地流动起来。规定了股权可以作为出资，上市公司也可以采取定向增发的方式，股权已经成为收购的支付工具，这将大大减轻上市公司收购人的资金压力。

就外资并购而言，新法事实上启动了市场化并购交易所涉几乎所有的内容、程序和工具，包括敌意并购、选择性要约收购、股权融资收购、公司回购以及管理层收购等等。对公司章程的市场化约定贯彻了市场契约精神，从而也保证了市场化并购交易的法理基础。

一、外资并购中完善保护中小股东权益的法律制度

在外资并购中充分保护少数股东权益是一个重要问题。因为公司大股东在并购谈判中往往不会顾及中小股东的切身利益，而是从自身利益出发作出决定。而大股东的利益与中小股东利益往往是不一致的。中小股东在外资并购中很可能由于权小言微而无法充分保护自己的利益。这就需要在《公司法》中设立完善的保护中小股东在并购中的权益的制度。

旧《公司法》在保护中小股东权益方面条款简单，并且往往只规定应当怎样，但缺乏法律后果条款，相关司法救济手段因缺乏具体规定，使得中小股东在权益受到损害后无法启动诉讼程序。因法律的缺位，导致股东之间的地位不平等现象突出，小股东没有话语权，完全被大股东牵着鼻子走。

2006 年修订后的《公司法》赋予了公司中小股东、董事、监事、债权人多种诉权，这在一定程度上减少了并购的潜在风险，保障了并购各方的利益。主要从三方面完善和加强了中小股东的权益保障。第一，赋予小股东采取司法救济的可能，明确规定了当小股东权益受到侵害或

不公平对待时可以提起诉讼或退出公司。第二，明确规定了有限公司中的单独股东权。所谓单独股东权，是指股东权的行使无须依赖于其他股东的支持和配合，只要具有股东身份，不论持股数量多少均可依法行使、依法取得的权利。第三，明确规定了股份公司中的少数股东权。所谓少数股东权，是指不是按股东身份，而是依据股东所持股权比例或股份数量来衡量股东是否享有该项权利，通俗地讲，就是少数股东才享有的权利。这里的少数股东可以是一个股东，也可以是多个股东通过将各自所持的股权比例或股份数合并计算后而享有了少数股东权。具体相关规定有：

（一）关于召开股东会议的规定

《公司法》第四十条、第四十一条明确了公司董事会怠于召集股东会、公司董事长不能或者怠于履行自己职务时的处理方式。在并购中，常常出现需要召开董事会，但是董事长由于种种原因无法召开董事会，使并购停滞不前，而现行《公司法》的规定，消除了这一障碍，能够保障股东会或者董事会的顺利召开，保障了并购的顺利进行。

（二）关于保护公司职工利益的规定

现行《公司法》第十七条至十八条的规定，将部分劳动法的内容体现在《公司法》中，加强了对公司职工利益的保护；尤其是《公司法》第十八条明确规定了公司研究决定改制以及经营方面的重大问题、制定重要的规章制度时，应当听取公司工会的意见，并通过职工代表大会或者其他形式听取职工的意见和建议。这样的规定有利于在外资并购中考虑职工的利益和要求。而以往在并购中，职工是一个容易被忽略的问题，并购的程序中一般不会涉及听取职工代表大会意见的部分。

（三）关于公众及公司其他股东了解公司信息的权利

《公司法》更加明确规定了公众及公司其他股东了解公司信息的权利。现行《公司法》第六条第三款确定了公众可以向登记机关申请查询公司登记事项的权利，对比以往法律中，并未明确社会公众查询公司资料的权利，以至于在部分地区出现公司登记机关拒绝社会公众查询请求的情况，这导致并购中的买方在卖方不提供或者提供虚假资料的情况下，缺乏获悉并购目标公司基本信息的渠道，对并购方非常不利。《公司法》明确规定公众查询公司信息的权利，增加了公司的透明度，确保了并购方了解并购目标公司基本信息的渠道，降低了并购风险。

（四）关于公司提供担保的规定

《公司法》第十六条规定公司为他人提供担保的，按照公司章程的规定由董事会或者股东会、股东大会作出决议；但是公司为公司股东或者实际控制人提供担保的，必须经股东会或者股东大会决议；同时前述股东或者受前述实际控制人支配的股东不得参加前述规定事项的表决，该项表决由出席会议的其他股东所持表决权的过半数通过。该规定明确了公司为他人提供担保时，公司组织机构的职责范围及组织机构就该担保事项的议事规则。避免了并购方通过并购获得大股东地位后，为自身利益而牺牲目标公司为其提供担保情况的发生，保障了并购后中小股东的利益。

（五）股东查阅决议以及请求撤销公司组织机构决议的权利

《公司法》第三十四条规定股东有权查阅、复制公司章程、股东会会议纪录、监事会会议决议、董事会会议决议及公司财务会计报告等资料，并在程序上保障了股东这一权利的行使。该条呼应于《公司法》第二十二条股东有权向人民法院要求撤销内容、召集程序、表决方式违反法律行政法规的股东会、董事会会议决议，并在人民法院宣告前述决议无效或者撤销该决议后，要求公司登记机关申请撤销变更登记。股东的前述查阅、请求撤销公司组织机构决议，并要求公司登记机关撤销变更登记的权利，对于保障并购后仍为目标公司股东但是丧失大股东地位的卖方利益的保护是非常有利的，但是相应地也提高了对并购中涉及决议的程序及内容的要求。

以往在并购中，卖方中处于强势的大股东，利用其拥有的较大份额表决权可以控制公司的股东会，而不顾及其他中小股东的利益。现在《公司法》确定了中小股东要求撤销组织机构会议决议的权利，增加了并购中的卖方在并购程序结束后，最终因中小股东这一诉讼权利的行使，而导致决议被撤销，并购失败的风险。因此在并购中，买卖双方均要相应地考虑到中小股东的利益，更加严格地履行会议决议程序，同时在并购协议中也要有相应的条款明确：一旦出现决议被撤销或者宣告无效后，买卖双方责任承担的问题。

（六）中小股东退出机制

《公司法》第七十五条规定了在三种情况下，对于在公司股东会上的决议投反对票的股东，可以请求公司按合理的价格收购其股权，并且规定在股东会议决议通过之日起六十日内，股东与公司不能达成股权收购协议的，股东可以向人民法院提起诉讼。这三种情况是：

1．公司连续五年不向股东分配利润，而公司该五年连续盈利，并且符合本法规定的分配利润条件的；

2．公司合并、分立、转让主要财产的；

3．公司章程规定的营业期限届满或者章程规定的其他解散事由出现，股东会会议通过决议修改章程使公司存续的。

该条明确了特定情况下，中小股东的退出机制，对并购提出了新的要求。意味着在并购中需要增加对于是否存在七十五条规定三种情形的尽职调查，并且需要在并购协议中明确规定在前述三种情况下买卖双方权利、义务划分及责任的承担方式，对于该部分权利、义务的明确，降低了并购中买卖双方的潜在风险。

（七）公司股东的赔偿责任和连带责任

《公司法》第二十条规定了公司股东在滥用股东权利损害公司及公司其他股东利益的情况下，需要对公司或者公司其他股东的损失承担赔偿责任；公司股东滥用公司法人独立地位和股东有限责任逃避债务并且严重损害债权人利益的，需要对公司的债务承担连带责任。这条规定俗称揭开公司的面纱即股东有限责任的突破，但该条款只是对于此种情况的一个原则性的规定，对于具体何种情况属于可以适用该条范围还没有具体细致的规定，需要对该条款进一步进行司法解释。这对于并购中存在的风险有效防范起到非常重要的作用，比如在并购的尽职调查中，就需要注意调查可能涉及前述问题的事项，通过对尽职调查结果的分析，抓住前述问题可能会导致并购中各方的风险点，以便于在并购协议中通过适当条款，明确约定在出现第二十条所述情形的情况下的责任承担，以此防范风险，这对于并购方是十分重要的。

（八）确立了股东代表诉讼制度

所谓股东代表诉讼，是一种赋予股东为了公司的利益而提起损害赔偿诉讼的制度安排。具体地说，它是指公司的董事、监事和高管人员在执行职务时违反法律、行政法规或者公司章程的规定，给公司造成损失，而公司又怠于行使起诉权时，符合条件的股东可以以自己的名义向法院提起损害赔偿的诉讼。股东代表诉讼的机理：既具有代表性，又具有代理性。它与共同诉讼（代表人诉讼）以及集团诉讼相比，是不同的诉讼制度。它具有公益性目的。

1. 原告资格：有限公司的任何一名股东，股份公司连续 180 日以上单独或者合计持有公司1%以上股份的股东可以代表公司提起诉讼。股份公司的股东由于取得股份和出售股份都比较容易，为了防止滥诉，《公司法》在持股时间和持股比例两个方面给予限制性规定。

2．被告范围：一类是第一百五十二条规定的董事、监事和高管；另一类是第一百五十二条第三款规定的他人，即他人侵犯公司合法权益，给公司造成损失的，符合条件的股东也可以提起股东代表诉讼。这里的他人应当包括任何侵犯公司利益的自然人和企业，例如大股东、实际控制人，或不法侵占公司资产的债务人等。

3．责任事由：具有违反第六章规定的忠实义务和勤勉义务的行为（原因），该行为导致了公司损害结果的发生。

4．举证责任：在归责原则上规定了过错责任原告方举证。在有关责任事由和举证责任方面规定较为笼统，未来在最高人民法院有关审理公司纠纷的司法解释中可能还会有进一步的细化。

5．前置程序：股东在一般情况下不能直接向法院起诉，而应先征求公司的意思，即以书面形式请求监事会（监事）或董事会（执行董事）作为公司代表起诉董事、监事、高管或他人。当股东的书面请求遭到明确拒绝，或者自收到请求之日起三十日内未提起诉讼，或者情况紧急、不立即提起诉讼将会使公司利益受到难以弥补的损害的，该股东有权为了公司的利益以自己的名义直接向人民法院提起诉讼。前置程序的规定充分尊重了公司的法人主体资格，并在一定程度上防止了滥诉。

6．诉讼结果归属：胜诉的结果归属于公司，而不是股东个人。股东只是按照其股权比例的数量在财务上分享因胜诉带来的股东收益。

股东代表诉讼制度有助于解决外资并购过程中公司权益保护方面的主体的缺位问题，同时，透过公司也保护了股东自己的权益。在并购中，如果目标公司的中小股东认为并购行为对公司或自身利益造成了损害，则有权利通过股东代表诉讼制度向法院起诉，法院应当受理。因此，该制度是在并购过程中中小股东保护自己权利不受侵害的重要武器。

（九）加重了董事、监事和高管的义务及法律责任

《公司法》从结构上专辟一章专门规定公司董事、监事和高管人员的资格和义务，明确了董事、监事和高管的任职资格以及对公司负有忠实义务和勤勉义务。在内容上对于董事、监事和高管侵害公司利益，或者侵害股东利益的，赋予股东提起损害赔偿的诉讼权。使董事、监事和高管成为被诉对象的可能性较之以前增大。具体规定有：

1．在总则部分的第二十一条规定了公司的董事、监事、高级管理人员（包括控股股东、实际控制人）利用其关联关系损害公司利益，给公司造成损失的，应当承担赔偿责任。

2．股份公司的董事因董事会决议违法给公司带来损失的，也可能成为被诉对象。第一百一十三条第三款规定：董事应当对董事会的决议承担责任。董事会的决议违反法律、行政法规或者公司章程、股东大会决议、致使公司遭受严重损失的，参与决议的董事对公司负赔偿责任。但经证明在表决时曾表明异议并记载于会议记录的，该董事可以免除责任。这是一个集体负责的条款，有权提起索赔权的首先是公司，但如果公司怠于行使起诉权的，则股东可以代表公司起诉。

（十）股东滥用股东权利应对公司债务承担连带责任

大股东利用其优势地位，滥用股东权问题属于在有限公司或者股份公司中普遍存在的问题。实践中，公司的控股股东利用公司法人独立地位和股东的有限责任，恶意逃避债务或者掏空公司，不但损害公司债权人的利益，而且也给公司或者其他股东造成损失。第二十条增加了旨在约束股东权滥用的条款，确立了股东滥用权利承担连带责任制度。它包含三个层面的含义：

第一层含义，总括式规定，即公司股东应当遵守法律、行政法规和

公司章程，依法行使股东权，不得滥用股东权利损害公司或者其他股东的利益；不得利用公司法人独立地位和股东有限责任损害公司债权人的利益。

第二层含义，目的在于保护公司或其他股东的利益，即公司股东滥用股东权利给公司或者其他股东造成损失的，应当依法承担赔偿责任。

第三层含义，目的在于保护公司债权人的利益，即公司股东滥用公司法人独立地位和股东有限责任，逃避债务，严重损害公司债权人利益的，应当对公司债务承担连带责任。

股东滥用权利承担连带责任的制度是对大股东滥用权利的有力限制，该制度在外资并购中可以有效防范公司大股东不顾公司和其他中小股东的利益单方签订显失公平的并购协议，损害目标公司利益的行为。但是这样的规定似乎还是过于原则，对于逃避债务的界定，严重损害公司债权人利益的认定，实践中也较难把握，该法条尚需在司法解释中进一步明确。

二、《公司法》中的反收购制度

反收购措施，是指目标公司采取的旨在抵御乃至挫败收购人收购行为的措施。目标公司股东是收购的当事人，有权自由地决定是否接受收购要约，这就决定了目标公司股东全体当然地有权决定是否采取反收购措施。因此所谓的反收购措施规制实际上是指对目标公司管理部门采取反收购措施的规制。综观世界各国的立法，反收购问题主要都由《公司法》进行规范，以证券法的有关规定作为补充。在立法实践中，对反收购的规制大致有两种模式，即英国模式和美国模式。

（一）英国模式

此模式规定目标公司管理部门未经股东大会同意不得采取反收购措

施。在公司中，股东大会是最高权力机关，股东是公司财产的所有人，他们有权决定公司的一切重大事项。因此，目标公司反收购的决策权应归属于股东大会而非公司的管理者。英国城市法典基本原则第7条规定："无论何时，当一项善意的要约已被通知受要约公司的董事，或目标公司的董事有理由认为一项善意的要约即将发生时，不经过股东大会的批准，目标公司的董事不可采取任何与公司事务有关的行为，其结果是有效地挫败一项善意的收购，或对于股东来说，使他们失去一次根据其价值作出决定的机会。"

客观地讲，英国模式有利于防止公司管理层滥用职权和保护股东的利益。不足之处在于，在公司经营活动日趋专业化和高度复杂化的今天，股东囿于经营动机、专业知识、时间、精力、股权分散等条件的限制，未必能及时作出真正符合其长远利益和公司整体利益的决定。

（二）美国模式

此模式赋予目标公司管理部门采取反收购措施的广泛权力。在公司面临恶意收购时，公司管理者有权在考虑公司股东及其他的公司利益相关人的利益的基础上作出反收购决定。但作为公司和股东的受托人，公司管理者必须在"信托义务"许可的范围内行事。具体说来，在美国法中，公司的反收购常被视为其业务活动的一种，"业务判断规则"是判断目标公司经营者所采取反收购措施是否合法的标准。对公司经营者的决定提出质疑的人，应举证证明其观点。

比较以上两种模式，在规制方法上，英国对反收购措施作了专门规定；美国的公开收购立法对此没有明确规定，而是利用《公司法》关于董事责任的法理对目标公司管理部门的反收购行为进行规制。英国模式的实质是将采取反收购措施的权力授予目标公司股东，其实际效果是限制反收购措施；反之，在美国模式下，目标公司管理部门采取反收购措施实际上未受多大限制①。

在中国，目前《公司法》中并没有具体规定有关反收购条款。从中国公司立法现状看，董事责任制度与股东保护机制尚不完备，仅依原则性规定规范目标公司管理部门的反收购措施明显是不够的。基于上述认识，本文认为中国对反收购措施的规制可采用英国模式。未来可考虑在《公司法》中增设反收购的有关规定，明确授予目标公司股东大会以反收购的决定权；同时，为充分利用公司管理层专业技能娴熟、经验丰富、信息灵通的优势，规定由公司管理者作为实施反收购措施的具体操作者，并借鉴美国法中的"业务判断规则"，对管理层可能采取的反收购手段进行限制。

三、外资并购中的公司资本问题

（一）关于公司对外投资总额限制的问题

有关公司对外投资的规定对于外资并购有很大影响，关系到并购方是否有资格实行并购的问题。目前中国外资法中还没有明确的公司对外投资的限制性规定，只能适用《公司法》的相关规定。

旧《公司法》规定公司对外累计投资总额不得超过本公司净资产的50%。因此在这种规定下，并购方如果为公司法人，可能会出现"对外投资额度"已经用完的情形，在此情况下往往需要通过增资程序使得并购方具备对外投资的行为能力，或者将一笔投资分解到几个主体下行使。但增资程序一方面需要耗费并购方相当时间，如召开股东会、验资（如果涉及无形资产增资还涉及评估）、工商办理变更登记手续等；同时

---

① 美国对目标公司管理部门采取反收购措施设置较为有力限制的是所谓的"拍卖义务"理论，即如果目标公司被收购是不可避免的，则反收购措施的唯一合法目的就是通过类似拍卖的程序，为股东获得最佳的收购条件，而不得挫败收购人的收购。

并购方的增资往往需要一次性注入，这也给并购方增加了资金压力。

现行《公司法》删除了旧《公司法》对于公司累积转投资总额的限制。减少了并购成本，同时在一定程度上活跃了公司的对外投资与并购。主要内容包括：

1．公司的对外投资不再有投资限额的限制，公司完全可以根据自己的实际情况进行投资，不受净资产的限制。

2．扩大了投资对象。公司对外投资的对象也从旧法规定的有限责任公司和股份有限公司两类主体扩大到企业。《公司法》第十五条规定，公司可以向其他企业投资；但是，除法律另有规定外，不得成为对所投资企业的债务承担连带责任的出资人。

3．明确了对外投资的决策机构是股东会（股东大会）或董事会。公司的对外投资是一项十分重要的经营活动，必须有章可循。《公司法》将投资问题提升为章程的必备条款，只要涉及投资，无论金额大小、项目大小，必须由股东会（股东大会）或董事会作出决议。至于决议程序以及生效条件，均可根据实际需要由章程作出规定，或另行作出决议。

（二）统一注册资本制度

旧《公司法》实行确定资本制，而外商投资企业法实行与之迥异的授权资本制，两者存在制度不统一的问题。外商投资企业法之所以采用授权资本制，是为了与国际上多数国家所采用的公司资本制度相一致，以便更多地吸引外资。[①] 但从长期实践看，虽然授权资本制具备筹资灵活方便，资金利用率高等优点，但其无法避免的虚假出资或注册资本不实等问题却分外严重。尤其是在外资并购活动中，由于现行外资法允许合营企业各方主体分期缴付出资，第一期出资只须达到各自认缴出资的

[①] 王长梅：《我国外国直接投资法律与公司法律制度之关系论》，载于徐杰主编《经济法论丛》第1卷，法律出版社2000年出版，第672—673页。

15%即可，作为并购方的外国投资者只要在合营企业注册资本中首期实际出资 7.65%（=51% *15%）即可取得绝对控股权。而根据现行外资法规定合营企业各方按注册资本比例分享利润，外资并购方即可在未实际缴清出资前参与分配利润，其未出资部分提前分享企业利润实际是对被并购的国内企业所创造利润的无偿占有。显然，以上两种情况皆违背公平交易法则，不利于市场经济健康发展。旧《公司法》实行的确定资本制，尽管其较好地维护交易安全和保护债权人利益，但却难免因增资成本过高及资金闲置而造成浪费，不符合现代法律所要求的效率原则。而且，公司的偿债能力并非完全取决于账面资产，而且取决于可以即时变现的账面资产所占比例，而公司资产与即时变现资产却不能等同。所以，绝对坚持资本确定原则并不一定能够维持交易安全。鉴于两种资本制度优劣参半，许多发达资本主义国家已纷纷改用折衷资本制，如德国、法国、日本等。这一制度取确定资本制与授权资本制之长，摒弃两者之短，它既放松了对公司设立时的资本要求，又保证公司成立时拥有必要的资本，这一做法显然值得借鉴。

现行《公司法》第二十六条、第八十一条确立了注册资本及增资的认缴制度，将旧《公司法》规定的实收资本制改为折衷的授权资本制。即对公司的注册资本及增资，不再要求公司股东一次性全部支付，仅明确规定首次支付的比例及全部付清的时间，这对于并购双方尤其是并购中的买方非常有利。在并购实践中，增资是并购经常采取的模式之一，经常出现在风险投资领域。具体的操作方式是并购方通过与目标公司股东商谈，以注入约定资金增加目标公司注册资本的方式获得目标公司的相应股权。在增资并购的模式下，并购方出于降低商业风险目的的考虑，往往采取分步增资的方式，即在某一约定的条件或者要求得到满足后，并购方将约定的资金注入目标公司；或者并购双方也会约定为一次性付清的增资设立一个共管账户，由并购双方按约定共同管理。但前述两种模式，不是增加过多增资程序成本，就是无法更好保障并购方资金安全。现行《公司法》对于增资可以分期缴付的规定，使得增资并购可以由并购双方在现行《公司法》规定的范围内，由并购方一次性认缴增资，并按照约定分步缴纳增资款，并购方如需要终止增资，可以直接在没有缴付增资的情况下，走一个减资的程序即可，一定程度上降低了并购方投资风险。因此，现行《公司法》确立的注册资本、增资的分期缴纳制度，清除了并购方为了并购需要一次性投入大量资金的障碍，降低了并购成本，一定程度上降低了并购方的投资风险。

（三）有关"非货币出资形式"规定的变化

现行《公司法》第二十七条将旧《公司法》规定的非货币出资的形式，由"实物、工业产权、非专利技术、土地使用权"，改为"实物、知识产权、土地使用权"；同时将知识产权等非货币出资占注册资本总额的最高比例，由原来的百分之二十提高到百分之七十。

以上两点修改，对外资并购尤其是目标公司为拥有大比重知识产权的高科技公司来说意义重大。在以往的并购实践中，常常存在拥有很高技术含量及很强赢利能力资产的公司，由于资金不足及旧《公司法》的前述限制，注册资本往往不高，而一旦拥有雄厚资金实力的并购方进入，在同股同权的原则下，仅以现金增资即可获得公司大份额的股权，使得公司原有股东（即强大赢利能力知识产权资产的所有方，以下简称"原股东"）的股权大比例稀释。

另外，根据旧《公司法》，公司的投票权、分红权需要根据股东的出资比例来确定，这对于原股东来说显失公平，也不够灵活。以往为了权衡原股东与并购方在并购后对公司权益的公平分配，会采取由并购方借款给原股东增资或者直接给予原股东一定的资金补偿的形式。但是前述形式在将来具体执行的环节中，不是容易引起借款纠纷就是会由于当时确定补偿金额的方式不准确，而导致一方的损失，这对并购双方来说都是不利的。因此，《公司法》的修改，能够更全面、明了的体现目标公司的真实价值，更大化地保障了原股东的利益。

四、外资并购中的"股份转让"规定

股份转让制度对外资并购的影响集中于国际金融资本对国内企业的并购活动方面。国际金融资本的并购基本为投机性并购，通过并购国内企业，取得控股权后或伺机向第三者转让其股份，或包装后在海外上市，目的都为牟取短期巨额收益。对此，现行外资法对股份转让规定了较为严格的条件，根据《中外合资经营企业法实施条例》第二十三条和《中外合作经营企业法》第十条等规定：合营企业与合作企业中的合营一方向第三方转让其全部或部分股份（或总资金额），须经合营他方同意，并经审批机构批准。另外《外商投资企业法实施细则》第二十三条也规定外资企业注册资本的转让须经审批机构批准。

而旧《公司法》有关股权转让的规定远比外资法灵活，根据《公司法》第三十五条、第三十六条，向股东以外的人转让出资只需由全体股东过半数通过，而不需要全体股东同意，不同意转让的股东应购买该转让的出资，如果不购买该转让的出资，视为同意。

现行《公司法》单列一章——第三章专门规定有限责任公司的股权转让。该章明确规定了股权收购有限责任公司需要遵循的规则与程序，而旧《公司法》仅在第三十五条、第三十六条两条中体现对有限责任公司股权转让的原则规定，并没有明确具体如何实施，这对于并购的具体操作来说是不利的。现行《公司法》的该部分新规定对于并购的影响主要体现在以下几个方面：

《公司法》第七十二条明确规定了股权转让的基本程序，规定了其他股东的优先购买权的行使步骤及期限。与旧《公司法》相比，现行《公司法》的更新主要表现在：规定了股权转让应经其他股东过半数同意；明确了其他股东如三十日内未答复转让股东的转让申请，即为同意转让；确定了在两个以上股东均欲行使优先购买权的情况下，前述股东协商，协商不成的按各自的出资比例行使。前述现行《公司法》的规定，明确了股权并购中需要经历的具体步骤，细化了并购的操作。

《公司法》第七十三条明确规定，有限责任公司股权转让后，公司应当注销原股东的出资证书。同时呼应于现行《公司法》第三十三条规定：记载于公司股东名册的股东，可以依据股东名册行使股东权利，工商局的登记具有对抗第三人的效力。前述规定即表明，股东凭借出资证明及股东名册，可以向公司提出行使股东权利的要求，体现了现行《公司法》对公司股东名册、出资证明等文件的重视。在以往的并购实践中，往往忽视公司的股东名册、出资证明而只重视工商登记，并购文件的设计也容易忽略出资证明及股东名册部分，因此，在《公司法》修改后，并购中双方应注意对公司股东名册及出资证明的变更及清理，以确保并购后并购方在目标公司的股东地位不受影响。

《公司法》第三十八条没有将股东向股东以外的人转让出资，列为需要由股东会会议决议的事项，即对于股东转让股权可以由董事会会议决议；现行《公司法》还规定对于需要由股东会会议决议的事项，在全体股东以书面形式一致表示同意的情况下，可以不召开股东会；同时现行《公司法》还赋予了公司章程在法律规定许可的范围内，自由规定组织机构职权范围。因此，并购中股东会职权的下放，组织机构议事范围及要求的自治，使得并购中涉及的决议事项可以更加符合并购公司自身的特点，简化了并购程序，缩短了并购时间，提高了并购效率。

《公司法》第一百四十二条，将股份有限公司发起人对于本公司股份的禁售期由三年改为一年，这一修改扫除了发起人公司成立满一年之日起两年内转让股权的障碍，便于股份有限公司的发起人能更快的将股份变现。

总之，现行《公司法》延续了旧《公司法》中股权转让灵活化的思路，从提高并购效率的角度，细化了旧《公司法》中的原则性规定。但该立法思路与外资法的相关规定出现了一定冲突。在外资并购中，依据特别法优于一般法的效力原则，应当优先适用外资法中的相关规定。

五、外资并购中的"一人公司"[①]制度

旧《公司法》只允许设立国有独资公司，而禁止国内其他组织和个人设立一人公司。而根据中国外资投资法律法规的规定，单个外国企业、其他经济组织或个人是可以设立有限责任公司形式的外商独资企业的。以上两法的冲突引致外国投资者并购国内企业是否能继续采用一人公司形式的问题产生。在并购中，常常会出现法人或者自然人通过并购而持有目标公司百分之百股权的情况，以前由于《公司法》对有限责任公司股东人数的限制，并购方会找人代持其股权，并购后股权代持人与并购方就代持股权发生纠纷的情况也屡见不鲜。

传统意义的公司强调的是资合性和社团性，即股东必须为复数。但是现实生活中，实质上的一人公司比比皆是，名义上虽然有两个甚至两个以上的股东，但实质上只有一名股东，因此原《公司法》禁绝一人公司的规定也是名存实亡。一人公司虽然看起来似乎否定了公司的资合性和社团性，但是并没有否认股东是公司存在的基础，更没有否认公司本身的法人性。一人公司仍是独立法人，具有完全民事权利能力、民事行为能力和民事责任能力。在法律上明确承认一人公司合法存在，不但有利于鼓励公民和企业的自主创业，吸引民间资本，扩大投资渠道，而且就一人公司专门设置了制度以防止滥用一人公司制度，损害公司债权人的情形发生。针对此问题，现行《公司法》增加了一个法人或者一个自

---

① 一人公司，是指股份或出资额由一个股东持有的公司。从公司法理论与实践看，有形式意义的一人公司和实质意义的一人公司两种。形式意义上的一人公司是指无论是形式上还是实质上公司股份或出资额只由一个股东持有的公司；实质意义的一人公司是指表面上公司股份或出资额由复数股东持有，但事实上公司股份或出资额的持有人只有一个，其他股东只是挂名股东的公司。

然人可以设立一人有限责任公司的规定。具体内容包括：

（一）严格规制一人公司的设立过程。不但将一人公司的最低注册资本抬高为人民币 10 万元（远远高于有限公司 3 万元的最低注册资本），并且股东应当一次足额缴纳，不允许分期出资。由于一人公司的股东仅有一人，缺乏股东间的相互制衡，出于保证公司资本的充足与真实，保障债权人的利益和一人公司对外的正常经营的需要，抬高设立门槛防止股东虚假出资、抽逃出资尤为重要。

（二）限制股东设立一人公司的数量。但是该限制只局限于自然人设立的一人公司，也就是说，一个自然人只能设立一个一人公司，并且该一人公司不能再对外投资设立一人公司。而法人可以设立多家一人公司，并且法人设立的一人公司可以再对外投资设立一人公司。

（三）针对一人公司规定了更为严格的信息披露制度。

1．公司的营业执照要载明一人公司是自然人独资还是法人独资；

2．一人公司的股东会决议应当采用书面形式，并且由股东签字后置备于公司；

3．法定审计制度，即一人公司在会计年度终了时编制财务报告的，必须经会计师事务所审计。

（四）通过举证责任倒置防止一人公司法人资格被滥用。为兼顾一人公司股东和公司债权人的利益，对于一人公司的对外债务推定股东承担连带责任，除非股东反证其个人财产是独立于公司财产的。这样，既坚持了一人公司作为有限责任公司，股东享受的是有限责任的待遇，而且对待债权人的利益也实现了公平公正。

总之，现行《公司法》中允许设立一人公司的规定，统一了过去《公司法》与外资企业法规定的不一致之处，解决了外资并购后存续企业的法律形式问题，理顺了外资并购的法律体系。

第六章　外资并购上市公司的相关制度

从外资并购的发展历程看，大规模的并购主要是以上市公司为目标，重大的并购案件也多数发生在上市公司领域。由于上市公司的透明度、公开化程度相对较高，运作相对规范，并购成本也比较容易计算，因此并购方多数选择上市公司作为并购目标。当外资并购目标公司为上市公司时，必然要涉及并购方与目标公司之间的股票交易[①]，此时应当适用东道国的《证券法》以及有关上市公司收购的法律规范。因而规制上市公司收购的相关制度也是外资并购当中非常重要的领域之一。

截至目前，中国颁布的与外资并购境内上市公司有关的规定有《证券法》、国务院办公厅转发国务院证券委员会《关于暂停将上市公司国家股和法人股转让给外商请示的通知》、《关于上市公司涉及外商投资有关问题的若干意见》、《上市公司收购管理办法》、《关于向外商转让上市

[①] 对上市公司进行并购主要有两种方式，要约收购与协议收购。其中要约收购是各国证券市场最主要的收购形式。它是并购方在证券市场上通过公开向全体股东发出要约从而达到控制目标公司目的的收购行为。要约收购的最大特点是在所有股东平等获取信息的基础上由股东自主作出选择，因此被视为完全市场化的规范收购模式，有利于防止各种内幕交易，保障全体股东尤其是中小股东的利益。而协议收购是通过并购方与目标公司的大股东之间的协议购买行为来完成收购，它不通过证券市场，而是在场外进行的。目前只有少数国家规定有场外交易形式的上市公司收购。主要有日本和中国。日本《证券交易法》第27条，虽然规定有"在有价证券市场外收购股票"的形式，但必须按公开收购的要求履行各种申报及披露义务（少数情况下可以豁免）。中国1999年7月1日实行的《证券法》中规定了协议收购形式，但当时没有规定强制收购义务，在信息披露上要求也不足。这些情况在新《证券法》中有所改进。

公司国有股和法人股有关问题的通知》、《外国投资者并购境内企业的暂行规定》、《关于外国投资者并购境内企业的规定》《合格境外机构投资者境内证券投资管理暂行办法》以及《外国投资者对上市公司战略投资管理办法》等。

一、外资收购中国上市公司的演进过程

2005 年股权分置改革前，中国上市公司的控股股东仍以非流通的国有股或法人股为主，上市公司中有 70% 以上的股份是国有股和法人股[①]。这一特殊的股权结构决定了外国投资者要想实现对上市公司的并购，获取其控股权，就必须依靠收购非流通股才能达到目的。以下着重介绍中国有关法律规章规制外资受让上市公司国有股和法人股的演进过程。

1995 年 8 月 9 日，日本五十铃汽车株式会社及伊藤忠商事株式会社分别受让北京旅行车股份有限公司（简称"北旅"）2401.2 万股和 1600.8 万股法人股，开了中国外资受让境内上市公司法人股的先河。1995 年 8 月 16 日，四川广汉市国有资产管理局与美国凌龙公司签订了《四川广华化纤股份有限公司部分国家股转让合同》，由广汉市国有资产管理局将其所持的广华公司 5780.53 万股国家股中的 3500 万股转让给凌龙公司。此后，"银广厦"、"河南神马"、"鞍山一工"、"深圳锦兴"等上市公司也纷纷传出外资收购的风声。

上述部分上市公司向外商转让国家股和法人股，引起公司股权结构变化，股价出现异常波动。为避免造成国有资产流失，保证股票市场健康发展，国务院办公厅于 1995 年 9 月 23 日发布了《国务院办公厅转发国务院证券委员会关于暂停将上市公司国家股和法人股转让给外商请示

---

① 王苏生：《要约收购的理论与实证研究》，中国金融出版社 2003 年版，第 14 页。

的通知》，规定"在国家有关上市公司国家股和法人股管理办法颁布之前，任何单位一律不准向外商转让上市公司的国家股和法人股。在国家有关管理办法颁布后，按规定执行"。这就是为人们所熟知的"95 禁令"。自此后长达六年，外资未能涉足中国 A 股市场。

随着中国加入 WTO，准许外资进入的产业被逐渐放开，外商投资法律环境日臻完善，外资受让上市公司股份的政策也逐渐解冻。2001年 11 月 5 日，中国证监会及原外经贸部联合发布了《关于上市公司涉及外商投资有关问题的若干意见》，《若干意见》第四条规定，"外商投资企业（包括外商投资股份有限公司）受让境内上市公司非流通股，应按《外商投资企业境内投资的暂行规定》① 规定的程序和要求办理有关手续。暂不允许外商投资性公司受让上市公司非流通股。"，从而为外商受让境内上市公司非流通股重新打开了关闭 6 年之久的大门。

2002 年 10 月 8 日，中国证监会发布了《上市公司收购管理办法》，在收购主体上并没有排除外商。2002 年 11 月 4 日，中国证监会、财政部和原国家经贸委联合发布了《关于向外商转让上市公司国有股和法人股有关问题的通知》（简称《通知》），明确规定了可以向外商转让上市公司的国有股和法人股。该《通知》使暂停多年的外资并购上市公司得以重新全面启动，彻底解决了外资的市场准入问题，并对外资受让的程序、外资行业政策、外汇管理等方面都作出了明确的规定，标志着外资并购上市公司进入了实质性的操作阶段。

随后，原对外贸易经济合作部、国家税务总局、国家工商行政管理总局、国家外汇管理局分别于 2002 年 12 月 30 日、2003 年 3 月 7 日联合发布了《关于加强外商投资企业审批、登记、外汇及税收管理有关问

---

① 2000 年 7 月 25 日，对外贸易经济合作部和国家工商行政管理局联合发布《关于外商投资企业境内投资暂行规定》，对外国投资企业在中国境内购买企业投资者股权的行为加以规范，指出外商投资者应符合下列条件，方可购买国内企业的股权：注册资本已缴清，开始盈利，依法经营，无违法经营记录。

题的通知》及《外国投资者并购境内企业的暂行规定》，这两个文件对外资并购的原则、方式、程序、审批等都作出了相应规定，并在某些方面的立法上有所突破，比如确认并允许外资比例低于 25%，允许被并购企业持股一年以上的自然人股东成为并购后外资企业的股东等，后者被认为是迄今为止关于外资并购国内企业最为详细的规定。

2003 年 2 月，中国华润总公司与华润轻纺（集团）有限公司（外资）签署《股份转让协议》，中国华润总公司将其持有的华润锦华（000810）股权全部转让给华润轻纺（集团）有限公司。该股权转让分别获得财政部、原经贸委和商务部的批准以及中国证监会的要约收购豁免，它成为中国自 1995 年"北旅事件"后的首例外资直接收购并控股上市公司成功的案例。此后，外资受让法人股事件层出不穷，如柯达收购乐凯公司 20% 的法人股；新加坡佳通集团通过公开竞拍方式受让 ST 桦林法人股权；韩国三星受让赛格三星国有法人股，与赛格集团并列为第一大股东；新桥投资受让深圳投资管理公司、深圳国投、深圳城建、深圳市劳保局四家所持深发展国有及法人股，成为深发展第一大股东。

中国证监会和中国人民银行于 2002 年 11 月 7 日联合发布了《合格境外机构投资者境内证券投资管理暂行办法》（以下简称《办法》），并于 12 月 1 日起正式施行，中国证券市场的对外开放迈出了坚实的一步。"合格境外机构投资者"即 Qualified Foreign Institutional Investors，英文缩写为 QFII。中国通过制定 QFII 制度，允许合格的境外机构投资者通过证券市场收购国内企业股权，为外资通过证券市场实现并购开辟了途径。

2006 年 1 月 5 日，商务部、证监会等五部委联合发布《外国投资者对上市公司战略投资管理办法》，外资可以战略投资股权分置改革后新上市公司的 A 股，取得 A 股的方式包括协议转让、上市公司定向发行新股等。2006 年被认为是中国资本市场并购年，全流通是根本原因，外资获准直接进入 A 股更为即将到来的并购增添了砝码。但总体来看，目前外资对中国上市公司的股权获取的方式还比较有限，主要是协议转让方式，占 70%以上，其余方式包括标购竞拍、合资控股以及定向增发，而外资通过债转股方式获取上市公司控股权的方式仅占 2%。[①] 主要原因是虽然中国 2005 年开始进行上市公司的股权分置改革，但上市公司中国有股以及法人股等非流通股的比重仍相当高，而自由流通股的比例有限。因而外资直接从市场上收购上市公司，尤其是国有背景的上市公司的股份进而达到对上市公司的控制可能性很小，而协议转让成为最可行的方式。未来随着上市公司受限股的逐步解禁，通过股票交易市场直接收购股权的方式将成为主流。

二、外资并购中国上市公司的两个主要依据

（一）《合格境外机构投资者境内证券投资管理暂行办法》

中国证监会和中国人民银行于 2002 年 11 月 7 日联合发布了《合格境外机构投资者境内证券投资管理暂行办法》（以下简称《办法》），并于 12 月 1 日起正式施行，中国证券市场的对外开放迈出了坚实的一步，也为外资通过证券市场并购开辟了途径。

1．QFII 的原理

QFII 制度是指允许经核准的合格境外机构投资者，在一定规定和限制下汇入一定额度的外汇资金，并转换为当地货币，通过严格监管的专门账户投资当地证券市场，其资本利得、股息等经审核后可转为外汇汇出的一种市场开放模式。这是一种有限度地引进外资、开放资本市场的过渡性制度。在一些国家和地区，特别是新兴市场经济的国

---

① 胡伟：《外资并购上市公司的行为探因与在中国境内分布》，《改革》2009 年第 7 期。

家和地区，由于货币没有完全可自由兑换，资本项目尚未开放，外资介入有可能对其证券市场带来较大的负面冲击。而通过 QFII 制度，管理层可以对外资进入进行必要的限制和引导，使之与本国的经济发展和证券市场发展相适应，控制外来资本对本国经济独立性的影响，抑制境外投机性游资对本国经济的冲击，推动资本市场国际化，促进资本市场健康发展。

由此可知，QFII 制度的实质是一种有创意的资本管制。在这一机制下，任何打算投资境内资本市场的人士必须分别通过合格机构进行证券买卖，以便政府进行外汇监管和宏观调控，目的是减少资本流动尤其是国际短期"游资"对国内经济和证券市场的冲击。因而，QFII 机制的运作要涉及三个核心问题[①]：

（1）合格机构的资格认定问题。包括注册资本数量、财务状况、经营期限、是否有违规违纪记录等考核标准，以选择具有较高资信和实力、无不良营业记录的机构投资者。

（2）对合格机构汇出入资金的监控问题。一般有两种不同的手段：一种是采取强制方法，规定资金汇出汇入的时间与额度；另一种是用税收手段，对不同的资金汇入汇出时间与额度征收不同的税，从而限制外资、外汇的流动。

（3）合格机构的投资范围和额度限制问题。投资范围限制主要对机构所进入的市场类型以及行业进行限制；投资额度包括两方面：一是指进入境内市场的最高资金额度和单个投资者的最高投资数额（有时也包括最低投资数额）。二是合格机构投资于单个股票的最高比例。

2．中国 QFII 制度及其细则

根据以上三个核心问题，中国在引入合格境外机构投资者制度时，

---

① 李倩、张欢：《稳定发展的重要一步》，《金融时报》2002 年 11 月 5 日。

既借鉴了海外一些新兴市场的成功经验，又充分考虑到中国作为新兴的、转轨条件下的证券市场的特殊情况，坚持了"整体设计、循序渐进、稳步展开"的渐进开放模式，利用 QFII 向外资渐进开放过程中保持市场各方面平稳过渡的特点，进行了相应的制度安排。

（1）严格审查合格境外机构投资者的资格

《办法》明确指出，所谓合格境外机构投资者是指符合本办法规定的条件，经中国证监会批准投资于中国证券市场，并取得国家外汇管理局额度批准的中国境外基金管理机构、保险公司、证券公司以及其他资产管理机构。合格投资者应委托境内商业银行作为托管人托管资产，委托境内证券公司办理在境内的证券交易活动。

依照《办法》，申请合格投资者资格应具备相应条件：一是申请人的财务稳健、资信良好，达到规定的资产规模等条件，风险监控指标符合所在国家或者地区法律的规定和证券监管机构的要求；二是申请人的从业人员符合所在国家或者地区的有关从业资格的要求；三是申请人有健全的治理结构和完善的内控制度，经营行为规范，近三年未受到所在国家或者地区监管机构的重大处罚；四是申请人所在国家或者地区有完善的法律和监管制度，其证券监管机构已与中国证监会签订监管合作谅解备忘录，并保持着有效的监管合作关系；五是中国证监会根据审慎监管原则规定的其他条件。其中基金管理机构要求经营基金业务达 5 年以上，最近一个会计年度管理的资产不少于 100 亿美元；保险公司要求经营保险业务达 30 年以上，实收资本不少于 10 亿美元，最近一个会计年度管理的证券资产不少于 100 亿美元；证券公司要求经营证券业务达 30 年以上，实收资本不少于 10 亿美元，最近一个会计年度管理的证券资产不少于 100 亿美元；商业银行要求最近一个会计年度，总资产在世界排名前 100 名以内，管理的证券资产不少于 100 亿美元。这样针对不同类型的证券投资机构，从资金来源和资金规模进行控制，选择合格的证券投资机构进入市场，有助于维护中国证券市场的稳定和金融安全。

（2）严格规定投资范围和投资额度

《办法》允许 QFII 的投资范围包括：在证券交易所挂牌交易的 A 股股票（不包括基金）、国债、可转换债券和企业债券及中国证监会批准的其他金融工具。单个合格投资者和所有合格投资者对单个上市公司的持股比例，分别为不超过该上市公司股份总数的 10% 和 20%。同时，《办法》也为动态管理留有余地，根据证券市场发展情况，中国证监会可以调整上述比例。至于行业限制，《办法》第二十一条规定合格投资者的境内证券投资，应当符合《外商投资产业指导目录》的要求。这就表明包括石化、电子、汽车、交通运输等重要产业，以及原先禁止外商投资但加入世贸组织后大幅开放的行业包括医药、零售业、公用事业、金融服务等，QFII 可以进行投资。

（3）严格监控合格境外机构投资者汇出汇入资金

中国对资本流入流出采取了强制管理措施，以保持汇价稳定。《办法》第二十五条规定："合格投资者应当自中国证监会颁发证券投资业务许可证 3 个月内汇入本金，全额结汇后直接转入人民币特殊账户。"第二十六条又规定，合格投资者为封闭式中国基金管理机构的，每次汇出本金的金额不得超过本金总额的 20%，相邻两次汇出的时间间隔不得少于 1 个月，而其他投资者不得少于 3 个月。

（4）赋予托管银行重大职能，避免国际游资冲击

托管银行作为检验与核对外资的专门机构，对确保 QFII 制度的健康发展至关重要。托管银行的职能主要是监管外资投资，提供并保存有关外资的交易记录及其他资讯。《办法》专门就托管银行的资格、申请程序和职能作了详尽的描述。为谨慎起见，甚至要求托管银行保存合格投资者的资金汇入、汇出、兑换、收汇、付汇和资金往来记录等相关资料，其保存的时间应当不少于 15 年，而印度只要求托管银行保存记录 5 年以上。

3．实施 QFII 制度对外资并购的影响

（1）为外资并购提供了新的途径。

2003 年出台的《外国投资者并购境内企业暂行规定》允许境外公司、企业、经济组织或个人直接通过购买股权等方式并购境内企业，并作出相应规范后，又通过制定 QFII 制度，允许合格的境外机构投资者通过证券市场收购国内企业股权，目前，单个合格机构投资者和所有合格机构投资者对单个上市公司的持股比例，可以达到该上市公司股份总数的 10% 和 20%。将来，随着证券市场的发展，这一持股比例还可以调整，这便为外资并购开辟了更广阔的空间。

（2）加快证券市场发展，为证券市场进一步开放创造条件，也为外资并购留下了巨大的想象空间。

引入 QFII 制度，使机构投资者队伍壮大，随着越来越多的境外券商和境外机构投资者进入内地，国内券商及其他合格投资者与国外的接触日益频繁，国际上流行的价值型投资理念将逐渐被中国的投资者接受，有利于促进证券市场发展；引入 QFII 制度给境内外投资者提供了更多的投资渠道和投资品种，由于这些投资者金融创新能力强，QFII 制度对金融衍生产品研究与开发将有一定的推动作用；由于 QFII 可以在 A 股市场买 A 股，也可买 B 股，这有利于逐步将 A— B 股差价拉近，为中国证券市场进一步开放铺路。证券市场的发展和开放，也必然推动人民币自由兑换的过程。一旦实现人民币的自由兑换，通过证券市场并购境内企业和资产的风险下降，国际上流行的证券并购将受到追捧，外资并购也必将获得实质性的进展。

（二）《外国投资者对上市公司战略投资管理办法》

2006 年 1 月 5 日，商务部、证监会、国税总局、国家工商总局、国家外汇管理局等五部委联合发布《外国投资者对上市公司战略投资管理办法》，规范了外国投资者对已完成股改的上市公司和股改后新上市

公司通过具有一定规模的中长期战略性并购投资，取得该公司 A 股股份的行为。该办法于 2006 年 1 月 31 日起施行，是规范外国投资者战略并购内地 A 股上市公司的重要举措。

在未来相对长的时期内，外资并购将成为 A 股市场的持续热点，其中国有股将成为市场核心。因为《办法》允许外国投资者对已完成股改的上市公司和股改后新上市的公司，进行大规模的中长线战略性投资，扩大了股市投资者范围，有助于股市吸引更多的海外资金。该政策仅限于完成股改的公司，显示政策面对股改公司的支持，显示出管理层对国有股的大力支持，将会进一步刺激国有股走强。

但是，由于已经完成股改的国有股中，都有限售期，而不少大股东更有长时间的限售承诺。因此，境外投资者的战略投资未必能在近期得以实施。不过，有了这项长期政策利好的支持，一些优质的上市公司将会吸引大量境外投资者的参与。

1. 关于外国战略投资者的资格规定

《办法》第六条明确提出了外国投资者的四项要求：

（1）依法设立、经营的外国法人或其他组织，财务稳健、资信良好且具有成熟的管理经验；

（2）境外实有资产总额不低于 1 亿美元或管理的境外实有资产总额不低于 5 亿美元，或其母公司境外实有资产总额不低于 1 亿美元或管理的境外实有资产总额不低于 5 亿美元；

（3）有健全的治理结构和良好的内控制度，经营行为规范；

（4）近三年内未受到境内外监管机构的重大处罚（包括其母公司）。

2. 外国战略投资者的投资比例——只设下限未设上限

通观《办法》全文，对外资投资 A 股，只提及两个比例：10%和 25%。

（1）《办法》第五条，规定外资投资 A 股可分期进行，但"首次投资完成后取得的股份比例不低于该公司已发行股份的 10%"，当然，"特殊行业有特别规定的"、"法律法规对外商投资持股比例有明确规定的行业"等例外，禁止性行业自然也不能进入。《办法》规定，外资比例达到 10% 的上市公司，即可到商务部领取外资投资企业的批准证书，在营业执照上加注"外商投资股份公司（A 股并购）"。

（2）《办法》第十七条，提及"如投资者取得单一上市公司 25% 或以上股份并承诺在 10 年内持续持股不低于 25%，商务部在颁发的外商投资企业批准证书上加注"外商投资股份公司 A 股并购 25% 或以上"。

综合以上的规定，可以理解为外资战略投资者投资 A 股，至少应达到 10%，并鼓励投资达到 25% 或以上，鼓励中长期投资。但是至于投资比例的上限是多少，该《办法》未设任何限制。即外国战略投资者可以最多取得目标公司 100% 的股份，使目标公司成为其全资子公司。

3. 外国投资者进行战略投资的方式

根据《办法》，投资者进行战略投资应符合以下要求：以协议转让、上市公司定向发行新股方式以及国家法律法规规定的其他方式取得上市公司 A 股股份；投资可分期进行，首次投资完成后取得的股份比例不低于该公司已发行股份的 10%，但特殊行业有特别规定或经相关主管部门批准的除外；取得的上市公司 A 股股份三年内不得转让；法律法规对外商投资持股比例有明确规定的行业，投资者持有上述行业股份比例应符合相关规定；属法律法规禁止外商投资的领域，投资者不得对上述领域的上市公司进行投资。另外，涉及上市公司国有股股东的，应符合国资管理的相关规定。中国港澳台地区的投资者进行战略投资，参照《办法》办理。

4．外国投资者进行战略投资卖出受限

《办法》第二十条专门规定，除 B 股外，外国投资者在中国境内不得进行证券买卖。但有几种情形例外。《办法》明确，符合下列五种情形的国外投资者可以出售 A 股：（1）投资者进行战略投资所持上市公司 A 股股份，在其承诺的持股期限届满后可以出售；（2）投资者根据《证券法》相关规定须以要约方式进行收购的，在要约期间可以收购上市公司 A 股股东出售的股份；（3）投资者在上市公司股权分置改革前持有的非流通股份，在股权分置改革完成且限售期满后可以出售；（4）投资者在上市公司首次公开发行前持有的股份，在限售期满后可以出售；（5）投资者承诺的持股期限届满前，因其破产、清算、抵押等特殊原因需转让其股份的，经商务部批准可以转让。

可见，《办法》规定外国战略投资者并不能在二级市场自由买卖 A 股。其只能采用协议转让、定向增发，以及要约收购等方式，从原非流通股手中一举吃进 10% 以上的股份，但在其卖出手中股份时，受到了严格的限制。这种只准买进、很难卖出，并且只能大笔买进、长期持有的政策导向，自然是为了引进长线资金，在新老划断、新股开闸之际平衡市场供需，对市场的利好作用不言而喻；同时，也为提防外资有可能兴风作浪设置了一道防波墙。这种境外战略投资者在二级市场对 A 股买卖受限的规定，明晰了外国战略投资者的投资行为与 QFII 之间的边界。

（三）两个渠道的比较

2006 年 1 月 31 日之后，外资投资者有两个渠道可供选择，既可以进行战略投资，又可以通过 QFII 的通道进行资本投资。以下进行简单的比较。

1．外国战略投资者的进入门槛低于境外机构投资者

从进入门槛上看，《办法》规定的外国战略投资者的要求比 QFII 要

低得多，只要求其自身或其母公司境外实有资产不低于 1 亿美元或管理的境外实有资产不低于 5 亿美元。这样的条件实际上并不难达到，而 QFII 的门槛则要大大高于这个要求。如：基金管理机构：经营基金业务达五年以上，最近一个会计年度管理的资产不少于一百亿美元；保险公司：经营保险业务达三十年以上，实收资本不少于十亿美元，最近一个会计年度管理的证券资产不少于一百亿美元；证券公司：经营证券业务达三十年以上，实收资本不少于十亿美元，最近一个会计年度管理的证券资产不少于一百亿美元；商业银行：最近一个会计年度，总资产在世界排名前一百名以内，管理的证券资产不少于一百亿美元。

2．外国战略投资者出售所持有的 A 股股份有限制

外国战略投资者持有的 A 股股份并不能在二级市场上随意买卖，有诸多限制。但 QFII 在经批准的投资额度内，可以投资下列人民币金融工具：（1）在证券交易所挂牌交易的除境内上市外资股以外的股票；（2）在证券交易所挂牌交易的国债；（3）在证券交易所挂牌交易的可转换债券和企业债券；（4）中国证监会批准的其他金融工具。

3．QFII 相对风险较小

QFII 和战略投资相比，风险要小很多。外国战略投资者首次投资完成后取得的股份比例不低于该公司已发行股份的 10%；所取得的上市公司 A 股股份 3 年以后方可以转让。这对一个投资机构来说风险较大，而如果 QFII 投资的效益不好，还可以调整股票，而外国战略投资者调整的机会很小，不排除有被套牢的可能。

4．QFII 可以不承担强制要约收购的责任

根据《证券法》关于强制要约的规定，无论是协议收购还是要约收购，收购人承担强制要约义务的前提是，"投资者持有或者通过协议、

其他安排与他人共同持有一个上市公司已发行的股份达到百分之三十时，继续进行收购的"。而 QFII 的持股比例限制是，"单个合格投资者和所有合格投资者对单个上市公司的持股比例，分别为不超过该上市公司股份总数的 10% 和 20%。"因此，由于 QFII 无法达到 30% 的持股比例而无须承担强制要约收购义务。

总之，在 QFII 之后，引入外国战略投资者的意义在于，希望 A 股上市公司引进的是具有长期合作可能的战略投资者，而不是在股市横冲直撞的投机者。目的在于维护证券市场秩序，引进境外先进管理经验、技术和资金，改善上市公司治理结构。

但外国战略投资者的引入也将对中国证券市场的监管带来挑战。可以预见的是，1 月 31 日办法实施后，外资投资者一方面通过 QFII 介入二级市场，另一方面通过定向发行或协议转让介入一级或一级半市场，其双重身份将会加大二级市场股票的活跃度。而这其中，不能排除出现外国战略投资者联手 QFII 炒作股票的可能，尤其是在难以判断该战略投资者是否达到要约收购上限时。从理论上讲，一家外资机构如购买了一家上市公司的部分股权，然后通过 QFII 的渠道拿到另外一部分股权，尽管可以购买得很少，也许 2%、3% 的量就足以掌握一家公司的控制权。若此，就存在着外资相对控股乃至完全控股而未及时披露的可能性。这就加大了证券监管的难度。

三、《证券法》的变化对外资并购上市公司的影响

现行《证券法》进一步完善了证券交易的各项制度，加强了对投资者权益的保护，强化了证券监管的措施和手段。《证券法》的变化对外资并购上市公司的影响主要体现在上市公司的收购一章以及有关信息披露制度的修改上。外资收购上市公司应与内资收购上市公司一样适用《证券法》的相关规定。

（一）强制要约收购制度规定的变化

按照要约收购是否出于法律义务，可分为自愿要约收购与强制要约收购。前者是指收购人在自主愿意的情况下进行要约收购；后者是指收购人持有目标公司一定数量和比例的股份时，法律要求收购人必须向公司其余股东进行要约收购，而且对收购条件也有限定。

有些学者对强制收购要约的合理性提出质疑，他们认为收购人取得目标公司控制权的，只是取代了原控制股东的地位，并不对目标公司少数派股东的地位产生影响。而且也不能肯定收购人取得目标公司控制权后会掠夺公司的资产，因为收购人也能改善目标公司的经营管理，提高目标公司的股份价值，这对于目标公司少数派股东是有利的。还有人认为，强制收购，大大增加了收购人的成本，收购人在取得公司控制权时，法律要求其进一步实施收购，并限定条件，对收购人的不利影响是非常明显的。并且，在一些成熟的市场经济国家如德国、荷兰，特别是收购活动非常活跃的美国，都没有制定这种规则，而人们并未抱怨在收购活动中受到不公平待遇。

但仍有不少国家制定了强制要约收购制度，如英国、比利时、西班牙等国家。强制要约收购的立法动因主要有两个：一是使股东获得公平待遇。因为在收购过程中，大小股东所处的地位是不一样的，大股东往往能以优势价格出售其股份，小股东却没有讨价还价的能力而处于受压迫地位，这种情况有悖于股东平等原则。为改变这种状况，有必要令已获得目标公司控制权的股东以不低于其为取得控股权所支付的价格向其余所有股东发出收购要约，以保障大小股东获得公平价格。二是赋予非控制股东撤出公司的权利。当公司控股权发生转换时，小股东既丧失了原有的投资判断基础，又无法左右局面；如果他们同时抛出股票撤出公司，反倒会因股价下跌蒙受损失，小股东实际上处于进退两难的境地，只有赋予他们以公平的价格退出公司的机会，才能保护弱者，实现公平[①]。因此强制要约收购制度仍然是值得肯定的制度。

1. 强制要约收购制度的比较

英国是最早制定强制性收购要约规则的国家，1968 年的《伦敦城收购与合并守则》（以下简称《守则》）就明确了这一规则。《守则》的第九条规则是强制要约收购制度。其目的是保证所有目标公司股东在公司控制权转移之后，有机会以相同或近似的价格出售其股份。《守则》规定，如果任何人（连同一致行动的人）通过收购股份取得受要约公司股东大会上 30% 以上的投票权；或者任何人（连同一致行动的人）原先持有 30% 以上 50% 以下的投票权，在任意 12 个月的期间内通过收购股份，使其投票权增加 2% 以上，那么必须向目标公司的所有股东（无论其持股是否具有投票权）发出全面的公开收购要约，以现金或等值的现金替代物，按照要约人或与之一致行动的人在要约之前的 12 个月内为购得该类股票所支付的最高价格，收购目标公司所有发行在外的剩余股份。在要约生效期间，要约人不得以其他方式购买目标公司的股票。这是对强制要约的具体规定。另外《守则》也规定了关于强制要约规则的一些豁免事项，例如，如果经目标公司的独立股东在获得充分信息的情况下表决同意，可以豁免强制性要约的义务。如果由收购方购得目标公司的控股权是使目标公司免于破产的唯一途径，则收购方也可以得到豁免。

法国的规定是，当收购人取得目标公司三分之一的股份时，有义务向其他股东要约收购目标公司剩余股份的三分之二。而且，其要约价格可以是证券交易所委员会可以接受的任何价格。但是当收购人取得目标公司 50% 以上的股份时，他就负有按最高价格发出全面收购要约的义务。

除法国以外比利时、西班牙等国家亦制定了强制要约收购规则，主

---

① 符启林主编：《中国证券交易法律制度研究》，法律出版社 2000 年版，第 248 页。

要部分与《守则》的规定大体相同，即取得目标公司控股权的收购人有义务向公司的其他股东发出公开收购要约，收购其全部或部分股份。但各国在对于收购的起点，要约的具体条件，价格方面规定有所差别。

2. 中国强制要约制度的变化

上市公司收购强制全面要约制度所带来的高昂收购成本在一定程度上制约了收购市场的发展，随着股权分置改革的深入和完成，强制全面要约制度的弊端也越发明显。新《证券法》在强制要约制度方面有了变化。

旧《证券法》第八十一条规定："通过证券交易所的证券交易，投资者持有一个上市公司已发行的股份的百分之三十时，继续进行收购的，应当依法向该上市公司所有股东发出收购要约。但经国务院证券监督管理机构免除发出要约的除外。"这里包含了三层含义：（1）如果不继续进行收购，其结果是不需要发出收购要约，那么目标方就要承受收购方部分收购这一事实，因为收购方不用发出对所有人的要约，收购人没有强制收购义务。（2）如果继续收购，但被豁免，其结果是仍不需要发出收购要约，那么收购人还是没有强制收购义务。（3）如果继续收购，又没有获得豁免资格，则发出收购要约，可发出的是一个对价格、比例、付款方式等没有任何限制的要约，亦即只是对所有人发出要约而已，至于发出的是部分要约还是全面要约，旧《证券法》没做规定。

根据旧《证券法》的规定，只要"经国务院证券监督管理机构免除发出要约"，收购人就可以完全不负强制收购义务。显然，旧《证券法》关于收购人强制收购义务的规定是宽松的，并且仅对要约收购（通过证券交易所的证券交易）有明确的规定，没有规定协议收购的强制要约制度。

现行《证券法》第八十八条规定，通过证券交易所的证券交易，投资者持有或者通过协议、其他安排与他人共同持有一个上市公司已发行的股份达到百分之三十时，继续进行收购的，应当依法向该上市公司所有股东发出收购上市公司全部或者部分股份的要约。收购上市公司部分股份的收购要约应当约定，被收购公司股东承诺出售的股份数额超过预定收购的股份数额的，收购人按比例进行收购。第九十六条规定，采取协议收购方式的，收购人收购或者通过协议、其他安排与他人共同收购一个上市公司已发行的股份达到百分之三十时，继续进行收购的，应当向该上市公司所有股东发出收购上市公司全部或者部分股份的要约。但是，经国务院证券监督管理机构免除发出要约的除外。变化主要有三点。

（1）取消了通过证券交易所收购某上市公司股份时，超过百分之三十后强制要约收购的豁免。也就是说，在要约收购中不再有可以通过国务院证券监督管理机构豁免强制收购义务的情况了。这是对过去强制要约制度的严格化。

（2）明确规定了目前实践中部分要约收购的做法。为鼓励上市公司收购行为，促进收购市场的发展，新《证券法》在全面要约之外，允许收购人采用部分要约的方式对上市公司进行收购。

部分要约收购为收购人提供了一个更为灵活和成本相对较低的选择，收购人可以根据其需要和市场情况，在收购数量上自行设定收购目标，而不必强制接受被收购公司的所有股份，一定程度上避免了全面要约收购可能导致上市公司退市的情形。部分要约收购制度也有利于推进上市公司收购的市场化行为，减少证监会在全面要约豁免方面的行政介入。

（3）增加了协议收购的强制要约制度以及豁免制度。旧《证券法》第八十一条把包括协议收购在内的其他收购方式排除在外。而在目前未上市流通的国家股与法人股所占股权比例远超出上市流通股的情况下，协议收购是目前上市公司收购的主要形式。协议收购中转让价格低于市价从表面上看不损害中小股东权益，但当公司的控制权转移给"恶意收购方"后情况就会发生变化，因为"恶意收购方"可能会滥用控股权随意转移公司资产或改变公司经营方向等，这时中小股东只能沦为鱼肉。在规定了强制收购要约制度的国家，通过协议收购取得相对控股地位的收购方，无一例外地都须承担强制收购要约义务。新《证券法》第九十六条的规定弥补了这一不足。

笔者认为，在强制要约收购制度中增加了部分要约收购的方式，降低了收购成本，使其更加灵活。在协议并购中，明确了外国投资者的强制要约收购的义务；而在要约收购中取消了国务院证券监督管理机构豁免制度。这样可以限制外资并购中收购方的投机性行为，防止其与目标公司大股东串通，损害目标公司中小股东的利益。

3．立法建议

未来《证券法》还应进一步对协议收购中强制收购要约义务的豁免条件进行界定，以增强法律的可操作性。借鉴各国立法经验及中国实践，这些豁免条件应包括以下几点：（1）义务人证明其未获得实际控制权。英国强制收购要约是以持股达到30%，持股人获得控制权为前提。如果持股人可证明其未能取得公司的控制权，例如有其他股东持有相同或更大比例的股份，可以考虑给予豁免。（2）强制收购要约义务的目的是保护其他股东的利益，因此，如果经公司其他股东的多数同意，应可免除此项要约义务。（3）受让控股股权是挽救目标公司所必须。如控股股东向其出售控股股权，是为使目标公司免于破产。（4）由于公司合并、分立导致公司控股股权的转移。（5）特殊目的的收购。如当股份质押给银行或贷款机构，银行或贷款机构因实现质押权而获得控股权，或公司接管人、清盘人取得控股权。（6）对其所属控股公司、关联人等的收购。这种收购并非创造新的控股股东，而是对原有控制权的加强，市场对控股股东的存在应早已有预期。

另外，关于强制要约义务中"收购上市公司全部或者部分股份"

的规定，虽然为外资并购的收购人提供了一个更为灵活和成本相对较低的选择，但规定过于宽泛，收购人可能以很低的成本获得目标公司的控股权，然后操纵股价损害中小股东的利益。笔者认为，应当针对收购全部股份和收购部分股份两种情况，设定具体条件。可以借鉴法国强制要约制度的规定，分别设定收购人承担收购全部股份和收购部分股份的标准。

（二）对上市公司非公开发行新股的肯定

原《证券法》不允许定向增发，给中国上市公司并购市场的发展造成了很大的限制，上市公司收购只能在存量股份中进行，不能通过发行增量股份来完成。这种限制使得很多在经济上可行的上市公司收购项目在实践中因法规限制而难以操作，特别是极大地限制了绩差公司的并购重组，不利于外资收购上市公司的进一步发展。

与旧《证券法》完全不同的是，现行《证券法》对上市公司非公开发行新股持全面肯定的态度。按照新法，上市公司发行新股既可实行公开发行，也可实行非公开发行，该规定为以定向增发方式收购上市公司打开了法律通道，这将对外资收购上市公司提供新的技术形式。

《证券法》第八十五条规定，投资者可以采取要约收购、协议收购及其他合法方式收购上市公司。据此，定向增发将成为一种重要的外资收购上市公司的方式。

《证券法》第十条首次提出"公开发行"的定义，规定公开发行证券，必须符合法律、行政法规规定的条件，并依法报经国务院证券监督管理机构或者国务院授权的部门核准；未经依法核准，任何单位和个人不得公开发行证券。并规定了公开发行的三种情形：1．向不特定对象发行证券；2．向累计超过二百人的特定对象发行证券；3．法律、行政法规规定的其他发行行为。

该条还禁止非公开发行证券采用广告、公开劝诱和变相公开方式。

本条规定意味着将非公开发行纳入了证券发行的范畴，但并未对非公开发行作出具体规定。

关于上市公司非公开发行新股，《证券法》第十三条规定，上市公司非公开发行新股，应当符合经国务院批准的国务院证券监督管理机构规定的条件，并报国务院证券监督管理机构核准。也就是说，允许上市公司非公开发行新股，但需经国务院证券监督管理机构核准。对其他类型公司非公开发行新股未作规定。

（三）信息披露制度的变化

中国证监会、财政部、国家经贸委《关于向外商转让上市公司国有股和法人股有关问题的通知》中规定，向外商转让国有股和法人股必须符合中国证监会关于上市公司收购、信息披露等规定。现行《证券法》在信息披露方面新增了几项制度，使该制度更加完善、有效，同时也要求外国投资者收购中国上市公司时遵守新法的变化。主要内容有：

1. 定期报告确认制度

借鉴美国《萨班斯—奥克斯利法案》有关精神，《证券法》第六十八条规定上市公司董事、高级管理人员应当对公司定期报告签署书面确认意见。监事会应当对董事会编制的公司定期报告进行审核并提出书面审核意见。上市公司董事、监事、高级管理人员应当保证上市公司所披露的信息真实、准确、完整。要求个人对定期报告签署书面确认意见，这样能够提高其责任意识，促使董事会和管理层向投资者提供一个真实的上市公司。

2. 相关信息披露义务人制度

现行《证券法》第一百一十五条规定，证券交易所应当对上市公司及相关信息披露义务人披露信息进行监督，督促其依法及时、准确地披露信息。对比旧证券法，增加了对"相关信息披露义务人"进行监督的规定。上市公司控股股东和实际控制人等相关信息披露义务人也被纳入证券交易所信息披露监管范围，有利于保障投资者公平获取信息的机会，提高信息披露质量。第一百九十三条扩大了信息披露的义务人的范围。在旧《证券法》"发行人"和"直接负责的主管人员"两种义务人的基础上，将"上市公司、其他义务人、直接责任人、进行指使上述义务人的控股股东和实际控制人"都列为信息披露的义务人。

3．民事责任的归责原则

现行《证券法》第六十九条规定，发行人、上市公司公告的招股说明书、公司债券募集办法、财务会计报告、上市报告文件、年度报告、中期报告、临时报告以及其他信息披露资料，有虚假记载、误导性陈述或者重大遗漏，致使投资者在证券交易中遭受损失的，发行人、上市公司应当承担赔偿责任；发行人、上市公司的董事、监事、高级管理人员和其他直接责任人员以及保荐人、承销的证券公司，应当与发行人、上市公司承担连带赔偿责任，但是能够证明自己没有过错的除外；发行人、上市公司的控股股东、实际控制人有过错的，应当与发行人、上市公司承担连带赔偿责任。该条可以理解为规定上市公司披露的信息有虚假记载、误导性陈述或者重大遗漏，致使投资者遭受损失的，上市公司应当承担无过错责任；董事、监事、高级管理人员和其他直接责任人以及保荐人应当承担过错推定责任；控股股东、实际控制人应当承担过错责任。明确了归责原则，可以更加有效地追究当事人的民事责任，保护投资者合法权益。

（四）强制收购请求权的变化

现行《证券法》第九十七条规定，收购期限届满，被收购公司股权分布不符合上市条件的，该上市公司的股票应当由证券交易所依法终止上市交易；其余仍持有被收购公司股票的股东，有权向收购人以收购要约的同等条件出售其股票，收购人应当收购。该条取消了过去上市公司收购达到百分之九十股份其他股东才享有强制收购请求权的硬性标准，而规定了终止上市时其他仍持有被收购公司股票的股东享有强制收购请求权。当目标公司在被外国投资者收购后，由于其公司股权分布不符合上市条件而需要退市时，仍持有目标公司股票的股东，有权要求外国投资者以收购要约的同等条件收购其股票，而外国投资者不应拒绝。这样的规定更有利于保护中国中小股东的利益。

第七章　外资并购国有企业的相关制度

一、外资并购国有企业的背景

（一）国有企业的战略性矛盾

国有企业改革是中国整体经济体制改革的重要组成部分。从 1978 年开始中国就不断推进国有企业的改革，扩大企业经营自主权，1987 年开始主要以承包经营责任制的形式促进国有企业所有权与经营权的分离，1994 年后国有企业改革致力于建立现代企业制度，使得国有企业能够适应市场经济的要求。改革开放以来 30 多年的时间里，国有企业经历了放权让利、承包经营、租赁经营、税利分流、股份制改造以及建立现代企业制度等改革，取得了一定成效，部分国有企业经营效益显著提高、竞争力不断增强、进入良性循环。但还有一部分的国有企业经营困难重重，举步维艰，经济体制改革并未从根本上解决这些国有企业活力不足、竞争力不强的痼疾。国有企业的战略性矛盾表现在：

1. 国有企业分布结构不合理

到目前为止，中国国有企业分布结构仍很不合理，国有经济战线过长，政府建立了大量的、在计划经济体制下应由政府兴办但市场经济体制下却不应由政府兴办的企业，即单纯以营利为目的的竞争性企业（绝大部分是中小企业）。这种不合理的国有经济结构，是国有经济发展战略性矛盾的集中表现，政府投资建立的国有企业"与民争利"，直接排斥非国有经济进入，产生"挤出效应"，构成了市场准入障碍，对中国的改革形成了制约。

国有企业存在着"四多"：老国有企业多；生产传统产品的国有企业多；传统产业的国有企业多；老工业基地的国有企业多。老企业技术创新能力不足，导致增加投资带来的边际效益递减；产品开发动力不足，长期生产传统产品，在产品生命周期进入成熟期甚至衰退期后，市场占有率停顿或下降，企业利润率走低；传统产业技术创新停顿，进入夕阳产业的行列，企业发展前景黯淡，经济效益偏低。

2. 国有企业"所有者缺位"问题没有根本解决

（1）国有产权主体有四个层次，各层次的行为目标不同

国有产权管理有四个主体层次，一是作为真正所有者的全体人民，二是作为财产代表的政府，三是作为国有产权具体行使人的政府官员，四是左右国有资产经营者的厂长经理。这四种主体虽然都是国有资产产权管理的利益主体，但其行为目标和运作机制却有极大差别。

首先，作为真正所有者的全体人民追求的目标是个人福利最大化，但其并不拥有公共财产的控制权，也不直接拥有剩余控制权，而是通过国家控制的分配渠道取得劳动报酬或再分配渠道获得剩余。

其次，政府不仅拥有公共财产的控制权，而且拥有剩余索取权，政府行使公共产权的目标是多元的，追求的目标不仅仅是国有资产的保值增值，而是综合政治、经济、军事等目标，而且首要是实现社会总产出最大化；其次才通过再分配渠道提高全体人民的福利。

再其次，具体行使国有产权的各级行政官员不拥有剩余索取权，他们的控制权由其所在的行政职位决定，他们追求的是声望、权势等。而

这些目标的实现并非由其所控制的国有资产的运营效率所决定，而是由上级主管部门直接决定，使得他们为了达到其要追求的目标，必然要使其行为有利于实现上级部门的目标，以求得赏识。这种行为目标和行为机制使国有产权具体行使人偏离利润最大化目标，并有可能为了自身利益或上级主管部门利益而损害全体人民的利益。

最后，具体从事国有资产经营的厂长、经理在资产管理和人事管理两条线的限制下，其控制权也是由其所在的行政职位决定，追求的是个人利益和声誉，经营者也可能为了追求个人利益而背离股东利益。

（2）所有者代表与所有者经济行为的差别性分析

国有产权四个层次主体的存在及其行为目标的差异性，决定了所有者代表不同于所有者本身，在国有产权管理体制构建中，不能以所有者代表到位等同于所有者到位，必须构建一种监督与约束机制，以最大可能保证所有者代表真正有效地代表所有者的利益。在国有企业改革实践中，国有企业公司制的改组，虽然建立了法人治理机构，并由国有资产管理部门、地方各级有关部门派出的"产权代表"担任了董事长，但部分派出去的代表并没有有效行使所有者代表职责，并没有从所有者利益出发，有效监督和激励经营者努力提高国有资本的运营效率，制止那些有损国有资产收益决策的贯彻执行。

3．国有企业历史包袱沉重

国有企业背负四大沉重历史包袱：一是冗员过多，人力成本居高不下；二是负债率过高，还本付息困难，资金难以正常周转；三是承担了大量非经营性投资和社会职能，资金质量下降；四是在社会保障制度不健全条件下离退休人员依附于企业，企业步履艰难。

4．国有企业管理相对落后

国有企业长期生存在计划经济体制下，企业习惯于成为行政指令的执行机构。进入转轨阶段后长期是短缺经济，直到 1998 年后转变为买方市场甚至是过剩经济，国有企业有了市场压力，才需要真正的市场营销管理；由于体制约束等条件，企业还没能真正学会和灵活应用市场营销的理念、方法和技巧，管理上相对落后。

总之，应进行国有资产战略性重组，调整国有经济布局，国有经济从一般竞争性领域中适度退出，投资于关系国民经济命脉的关键行业和主要领域，并通过对保留下来的国有企业的改革，完善法人治理制度，建立现代企业制度，提升国有经济的竞争力，发挥主导作用。因此，需要有大量的非国有资本承接国有资本退出留下的经济发展空间。如果没有非国有资本的进入，国有资本的战略性重组也是困难的。

（二）外资并购国有企业的供求关系

1. 从目标方供给方面看，外资并购国有企业有一定积极意义

从自身的发展需要出发，中国对外资并购国有企业寄予较高的期望。中国短缺经济结束后，市场竞争加剧，客观上要求进行经济结构全方位调整。随着中国改革开放的进一步深入，国有经济布局需要进行战略性调整，国有企业作为国民经济的重要组成部分，也需要在产权制度、公司治理、运行模式等方面实施更深层次的变革。在目前的经济形势下，利用外资并购推动国有企业改革、改组和改善内部管理，重组国有企业便成为一种必要的备选途径。主要原因如下。

（1）国有经济从竞争性行业退出的需要

在国有经济的战略性重组中，至少会有 2 万亿元的经营性国有资产从竞争性领域中退出[①]，而国内的非国有投资者无论是从资金规模、资本运作经验，还是从企业经营实力看，国内民营资本尚不足以独自担当

[①]　臧跃茹：《中外企业联姻——外资控股并购国有企业》，中国水利水电出版社 2004 年版，第 40 页。

并购国有企业的重任。因而，在调整国有经济产业结构的过程中，在符合国家产业政策，但不宜由国有经济主导的产业，如商业贸易、服务等领域中鼓励外资并购，有助于国有经济在这些领域的退出。

（2）国民经济结构性调整的需要

在中国实现新兴工业化的过程中，产业结构的调整、升级是必不可少的，而国有企业的技术装备和技术创新能力却无法担此重任。大量的国有企业技术落后，效益不好，亟须大量的资金注入和技术改造。中国对外开放的经验也表明，适时地借助外力，借助大型跨国公司的实力有助于推进国有企业较快地完成技术改造，提升创新能力。因而，需要将外资并购活动变成调整中国产业结构、实现技术升级的有效手段。

（3）国有企业改革与发展的推进存在较大的资金缺口，需要利用外资加以弥补

目前中国竞争性行业中国有资产达到数万亿元，实施国有经济战略性改组，必须有进有退，其中很大部分资产需要变现，国内非国有投资主体尚缺乏投资能力和投资意愿。另外，各国的经验表明，处置不良资产需要引进资金雄厚、经验丰富的国际性投资者来参与。外资并购可以拯救一些陷入财务困境，但其产品市场前景尚好的国有企业，在完成产权转让的同时，维持企业的正常生产能力。

在国有经济应该退出的领域中，鼓励外资控股并购国有企业既是国有企业改革、经济体制创新、对外开放和社会经济发展的需要，也迎合了外商寻求新的投资方式、扩大对华投资的需要，是中外双方供求均衡的结果，更是进行国有资产战略性重组，调整国有经济布局，发挥国有经济主导作用的需要。

外资控股并购国有企业有利于推进经济体制改革、经济结构调整和促进经济发展。对于实现国有企业产权的多元化、国有产权的流动性，加快国有资产重组，拉动经济增长和发展具有积极意义。

一般而言，只要外资控股并购国有企业符合中国的产业导向，最终

又有利于中央政府履行职能，达到其行为目标（如有利于增加就业，促进经济发展，提高资源配置效率等），政府就会持积极态度。政府会在权衡利弊得失和协调控股、并购的矛盾中进行选择。

2. 从并购方需求方面看，外资并购国有企业的动机

逐利是外国投资者并购投资的主要目的，一旦外资要采取并购方式进入中国的话，选择合适的并购对象将成为能否实现其战略目标的关键。

从行业选择看，外资进入中国并购的重点行业有以下特征：一是过去中国禁止外国投资或限制很严，但加入 WTO 后逐步开放的国家垄断行业，如银行、保险、证券、电信等行业，外资意在通过实施并购，抢占进入中国市场的先机；二是关税和非关税壁垒相对高的行业，如汽车、化工等行业，外资的目的在于以直接投资的方式进入中国市场；三是国家鼓励外资进入的行业，如基础设施、物流、商业等，外资选择这类行业开展并购活动，相对容易得到政府审批。

从目标企业看，外资在具体选择并购目标时，往往把注意力定位于上述重点行业的龙头企业身上，倾向于实现强强联合。而在中国特殊的体制背景下，这些企业大多是大中型国有独资公司、已经改制的国有控股公司（包括已经上市交易的国有控股公司）以及由以上公司作为控股公司的"三资企业"。所以，从被并购企业的所有制特征上看，大中型国有企业必然成为外资并购的焦点。具体原因可以概括为：

（1）可以快速进入中国巨大的市场并从中国经济高速增长中获益

外资并购国有企业一是为了填补市场空白，二是为了开拓自身的市场领域，占领目标市场，甚至达到控制某行业市场的目的。中国在持续三十多年的经济增长之后，已经不仅仅是一个潜在的市场，而且是一个现实的巨大市场，加上巨大的发展潜力，孕育着无限的商业机会。许多跨国公司把中国作为目标市场，希望"在中国生产、在中国销售"，分

享中国快速发展带来的经济利益。控股并购国有企业正是跨国公司进入目标市场的捷径。在体制转轨过程中，中国经济保持高速增长，为外商提供了获得高收益的条件。这使外商对于以并购方式尽快进入中国市场具有巨大的吸引力。

（2）可以获得中国市场上的竞争领先优势

由于跨国公司一般具有寡占特征，一个行业能够容纳的跨国公司数量有限，率先进入者构成后进入者的障碍，对后进入者具有排斥作用。因此，跨国公司希望以并购国有企业的方式对华投资，领先进入中国市场，以取得在中国市场的竞争领先优势。因此，跨国公司对于控股并购国有企业的需求是旺盛的。

（3）可以获得国有企业的特殊利益

中国国有企业所有者缺位、国有资产无人负责现象普遍，国有资产流失严重，外商并购国有企业不仅能够获得一般的并购收益，而且往往能够获得特殊收益：以低廉的价格并购国有资产，在并购后的经营中掌握企业控制权获得高收益。

另外，中国关于外资并购的具体政策法规不配套，经济体制转轨中存在着体制缺陷，外资并购谈判成本高，但为了吸收外商投资，制定了以所得税为核心的优惠政策体系，使外商的履约成本降低，特别是地方政府的某些部门和某些官员利益取向明显呈现出非中立性，部门利益和个人利益日益强化，且缺失有效的法律约束，为了捞取部门利益和个人利益，存在在鼓励外资控股并购的幌子下，廉价转让国有资产，这使得外资控股并购能够得到比规范的市场经济下更大的利益。形成以上局面的根本原因是在以往的外资并购国有企业中，主要是供大于求。即相对于外资并购的需求而言，国内对于外资并购国有企业的愿望更强烈。中外双方处于非均衡状态，外商处于相对有利的地位。

概括以上分析，可以得出以下结论：在中国加入 WTO 的时代大背景下，外资以并购方式对国有企业进行重组既是经济全球化发展的结果，也是任何一个开放经济不可缺少的内容，还是中国深化国有企业改革，对国有资产进行战略性调整的历史必然选择；同时国有企业对于跨国公司也有巨大的吸引力。因此外资并购国有企业既有充分的供给也有旺盛的需求，未来中国的外资并购将迎来一个高潮时期。

（三）国有企业制度缺陷对外资并购的阻碍

1. 国有企业的产权主体不明确阻碍外资并购

中国的国有企业的所有者主体不明确导致出现了并购实践中被出售的国有企业以出售者的身份和购买者订立企业产权或资产转让合同，或地方政府以自己的名义批准出售国有企业产权或资产，又以自己的名义出售这些国有企业的产权或资产的现象。另外，由于资产转让或产权转让的主体不明确，所以，产权或资产转让收入的性质也难以界定清楚，导致国有资产转让收入难以正确管理和使用。而中央和地方国有资产产权归属不清楚，又使转让收入流向何方无法确定。即使转让收入的性质和中央地方产权归属能明确，那么，转让收入是上缴国库还是留给国有资产管理部门或经营部门使用也无章可循。产权不清，也容易导致并购后，并购方与目标方产权相关人的产权确认纠纷。

由于国有财产的产权实际掌握在各级代理人手中。尽管各层次的代理人都不是企业财产的最终所有者，但是实际上他们都可以对外资并购国有企业起阻碍作用。具体表现为：

（1）政府有关部门的负责人在外资并购国有企业中，要以能否为自己和自己代表的一级政府带来利益为准则，决定对外资并购国有企业的态度，如外资并购国有企业不能为其带来利益，就可能对外资并购重组行使否决权，形成外资并购的障碍。

（2）国有企业经营者根据并购后自身权力和利益是否保留和增大来决定对外资并购的态度。而通常的情况是外资并购很难保留和增加他们的既得利益，因此，他们往往成为外资并购国有企业的最大阻力。

（3）国有企业的职工尽管不是企业资产的所有者，但却是企业资产的实际使用者。长期以来，使用这些资产是他们劳动就业、生活收入和福利待遇的基本保障。他们要考虑的是外资并购后自身的利益、地位与福利能否得到保障。如果外资并购重组使他们的利益受到损失，他们也会起来反对并购重组，这也同样形成对外资并购国有企业的障碍。

以上政府官员、企业经营者和职工都不是真正意义上的国有资产所有者，但都能对外资并购设置障碍，它是中国国有产权制度和管理体制缺陷的产物。

2．国有企业公司治理结构残缺阻碍外资并购

外资并购国有企业时要求目标方已经建立了规范的公司治理结构。因为如果该企业没有建立规范的公司治理结构，必然使外商担心因行政干预、内部人控制或商业欺诈等问题而使其利益受损。国际著名咨询机构麦肯锡曾对200家机构投资者就公司治理与并购投资决策的关系做过调研。调查表明，3／4的投资者声称他们在评估企业有无投资价值时，把董事会的运转方式为代表的公司治理机制看得和财务业绩同等重要。著名会计师事务所毕马威（KPMG）研究了1997～1999年发生的118项并购案，发现其中只有30%的交易提升了企业的价值，30%反而降低了，35%没有发生变化，并购不成功的基本原因就是公司治理结构未能有效运转。

中国目前的国有企业，无论是否实现公司制改造，由于所有者缺位，使公司治理机制失去了基础。在没有进行公司制改造的国有企业里，基本上是"内部人控制"，在已经公司化但仍然是国有股控股的企业里，实际的公司控制权也掌握在公司经理们手里，无法形成现代公司制所要求的公司内部和外部的治理结构优化和治理机制的顺利运行。外资如果并购这类企业，无法按正常的公司制运行，并购后的整合极为困难，外商的经营目的往往难以实现。

3．所有权、行政权和经济调控权集中阻碍外资并购

因为中国国有资产所有权的行使与行政权和经济调控权搅在一起，外资并购中的多头管理、审批等就不可避免。各级各类政府机构在执行起所有权职能时的矛盾冲突也难以协调，使得外资并购的进行极为困难。中国国有企业所有权都属于各级国有资产管理部门，所以在外资并购国有企业时，自然要由国有资产管理部门代表中方企业与外商并购企业共同决定并购事宜，包括企业资产的评估与如何定价等。但同时国有资产管理部门又兼有政府对外商并购国有企业的管理职能，包括制定与并购相关的政策法规，确定资产评估的程序，认定评估机构的资质，并对评估的结果和实际转让的价格具有批准的权力。这一方面会使外商在并购中感到自己与中方企业处在不平等的地位上进行交易。另一方面，外资并购方会认为，它的并购不是在与企业打交道，而始终是在与政府打交道。这是阻碍外资并购的又一重要因素。

二、外资并购国有企业的方式

外资控股并购国有企业的新方式层出不穷，呈现出不断发展变化的特点。由于中国宏观经济环境的发展，特别是有关外资控股并购国有企业的政策不断变化，使得外资并购方式不得不相应地调整才能达到控股并购国有企业的目的。外资并购在中国初期主要采取重组控股式收购，即通过参与国有企业的重组，收购国有企业的股权，以达到控制企业经营权的目的。随着中国改革开放程度的深化，资本市场逐步发展，外资控股并购则越来越多地采取参股式收购，即外资对上市发行的 A 股、B 股或 H 股的国有企业，通过收购部分股权，以相对控股转移部分所有权，达到参股的目的。

（一）外资并购非上市国有企业的方式

外资一般通过以下方式实现对非上市国有企业的并购：

1．合资控股

按照《中华人民共和国中外合资经营企业法》规定，允许外商在与国有企业合资时持有 51% 以上的控股权。于是，在中外合资经营之初，外方便取得控股权，或者占 51% 以上的绝对控股权；或者投资主体众多（超过两家），外方取得相对控股权。1992 年以后，这类情况逐渐增多。外商选择的国有企业往往是效益较高、包袱较小的企业，这有利于外商提高市场占有率，获得高利润。

对于外商来说，合资控股有两大优点：第一，成本低。由于合资控股是以中外合资经营方式进行的，中国法律规定外商注册资本可以分期到位，外商第一期出资额可以仅为注册资本的 15%。这样，外商就能够以少量垫付资本实现并购国有企业的目的。第二，突破制度约束。在国有企业改革中，出售小型国有企业是"放开放活小企业"的一种形式。但出售大型国有企业则存在观念、政策和制度性约束，困难较大。外商通过"合资控股"方式，可以绕过这些约束，减少交易成本，达到并购大型国有企业，获得高额收益的目的。

2．增资控股

1992 年以后，跨国公司对华投资的增资扩股现象较普遍。在投资之初，它们多以少量资本做试探性投资，在了解了中国的投资环境后，认为可以获得较高的投资回报，控股后有利于实现自己的全球战略，防止技术扩散，形成技术性优势并取得高收益，便纷纷增资扩股，而中方在增资扩股符合企业发展要求、无法拒绝增资扩股时，由于投资来源枯竭，只好任由跨国公司外方取得控股权。具体情况分以下三种。

（1）在合资企业成立前，为减少审批手续，缩短审批时间，便于获得批准，外方把投资规模控制在 3000 万美元以内（3000 万美元以内的外商投资项目可由地方政府自行审批），并同意由中方控股或各持 50% 股份。当企业建成后，企业进入扩张期，为适应发展需要，有必要扩大规模。外方在取得中方同意后，增加投资并取得控股权。

（2）外资在合资初期没有取得控股地位，当企业由耕耘期进入收获期（产品站稳市场，投资回报率提高）后，立即提出扩大再生产，而中方资金已全部投入，无法增加新的投资，于是，被迫同意外方增资扩股，取得控股权。

（3）外资利用中方经济体制缺陷，实现控股。最典型的有两种情况：第一种情况是，由于中方的国有企业母体存在政企不分局面，它们从本身短期利益出发，要求合资中方实现早盈利、多分红、红利全部上缴，中方资本无法实现资本积累和扩大再生产，当外方提出增资扩股的正确建议后，中方既无直接投资能力，又无间接融资渠道，即无法取得国内金融机构贷款，只能由外方增资扩股，取得控股权。第二种情况是，在政企不分条件下，行政机构领导人直接干预企业内部经营决策，当外方在董事会中提出增资控股方案遭到否定后，外方利用母公司高层经理或董事长与中国政府官员的私人联系，直接谋求政府出面协调，政府高层官员要求中方同意外方方案，使外商控股愿望得以实现。

3. 并购控股

这种方式是外资整体并购国有企业，或并购合资企业中的国有股权。其具体情况主要有四类。

（1）并购不合作中方的股份。由于中外双方在经营过程中存在冲突，双方经营目标相距甚远，管理思想难以调和，中外企业文化难以融合，致使企业管理混乱。为改变这种状况，外方通过购买中方股份达到控股，取得企业决策主导权。

（2）并购效益不佳的国有企业。一些外商利用国有企业在经营中遇到困难和国有资产重组的机会，并购国有企业。一方面，迎合了国有资产重组的需要；另一方面，达到了控股目的。

（3）并购优质国有资产。国内一批技术水平较高、市场前景良好、经济效益尚可、人才储备丰富的国有企业，为谋求更大发展，走上与外商合资经营之路，外商借投资嫁接改造国有企业之机，优先选择优质国有企业，实现并购控股。

（4）成批整体并购国有企业。外商不单独并购一家国有企业，而是对某一地区、某一行业的国有企业成批并购，这样，可避免对劣质国有企业并购后背上包袱、对优质国有企业并购遭到中方反对的局面。外商成批并购国有企业后，往往"包装"后"借壳"在海外上市，以谋取巨额收益。"中策现象"就是突出的例证。

4．利用投资性公司控股

当今许多跨国公司已发展为混合联合公司，开展多元化经营，其对外投资也已不再局限于某一领域，而是涉足生产领域、流通领域、金融服务等多种领域。为适应其系列化投资要求，跨国公司要求在东道国建立投资性公司。1995 年 4 月，中国外经贸部颁布了《关于外商投资举办投资性公司的暂行规定》，并在此后批准了许多投资性控股公司。投资性控股公司的设立，对引进外资本身起了积极作用，往往是"引进一个，带来一串；辐射一片"，对提高区域经济和产业整体发展水平发挥了良好功效，同时也导致投资性公司系列化的并购控股。

5．通过拍卖方式竞买股权

政府有关部门在实施国有资产的战略性退出时，将正常经营的国有企业通过竞买的方式整体或部分出售给外商，使这些企业被外商并购。

2002 年 8 月，深圳市政府宣布，将首批 5 家涉及能源、水务、公交、燃气、食品的大型国有企业的股权进行国际招标。确定的 5 家试点单位和企业转制后的股权比例是：深圳市能源集团有限公司，市属国有持股 75%，拟转让给外资持股 25%；深圳市水务（集团）有限公司，市属国有持股 55%，拟转让给外资持股 45%；深圳市燃气集团有限公司，市属国有持股 60%，拟转让给外资持股 24%，内资持股 16%；深圳市公共交通（集团）有限公司，市属国有持股 55%，拟转让给外资持股 45%；深圳市食品总公司，市属国有持股 30%，拟转让给外资方两家，各持股 40% 和 30%。

其中，深圳市水务（集团）有限公司国有股权被全球最大水务集团收购。受让水务集团 45% 国有股权的是两家国际投资机构。其中，全球最大水务集团之一的法国威利雅持股 5%，威利雅和首创股份有限公司合资成立的首创威水投资有限公司持股 40%。在本次交易中，两机构合计出资 4 亿美元。以交易金额计，本次交易是 2003 年度中国大陆最大的外资并购[1]。

外商通过拍卖方式竞买股权还可能在以下情形发生：国有及国有控股企业的大股东如果由于债务到期不能清偿而被诉讼，其抵押的股权将通过人民法院的强制执行程序被拍卖。此时外资可以通过拍卖市场竞买国有股权，实现对国有企业的并购。

（二）外资控股并购上市国有企业的方式

中国部分国有企业改制上市后，成为外资并购的对象。外资主要通过直接控股参股，或间接收购上市公司国有股权，并购国有企业。主要有以下几种形式：

---

[1] 参见殷占武：《深圳面向国际招标 转让国有企业股权》，《上海证券报》2003 年 12 月 24 日。

1. 协议收购 A 股股份

在中国进行股权分置改革之前，中国股票市场上只有占总量三分之一的社会公众股（流通股）可以上市交易，另外三分之二的国有股和法人股（非流通股）暂不上市交易。在中国股票市场这种特有的股权结构条件下，协议收购的方式（场外交易）是外资并购最简便易行的方式，也是到目前为止外商并购中国上市公司经常选择的方式。

随着中国推进股权分置改革①，非流通国有股和法人股将在股票市场上消失，过去那种外资协议收购上市国有企业非流通股的方式也将被直接收购上市公司的股份而取代。

2006 年 1 月 5 日，商务部、证监会、国税总局、国家工商总局、国家外管局等五部委联合发布《外国投资者对上市公司战略投资管理办法》，规范了外国投资者对已完成股改的上市公司和股改后新上市公司，通过具有一定规模的中长期战略性并购投资，协议收购取得该公司 A 股股份的行为。

股权分置改革结束后，中国证券市场将逐步实现全流通。而在过渡时期内，外资既可以选择协议收购没有实行改革的上市公司的非流通国有股和法人股，等待其改革后实现流通，也可以作为外国战略投资者直接收购改制后的可以流通的国有股和法人股。笔者认为，由于《外国投资者对上市公司战略投资管理办法》对于外国战略投资者出售 A 股股份有限制，而且外国战略投资者必须达到一定的规模才能实行收购 A 股股份的行为，不排除外资在近期内积极采取协议收购的方式先收购非流通国有股与法人股的可能性。

---

① 所谓股权分置改革，则是指通过一系列制度性的安排和变更，改变上市公司的一部分股份上市交易，一部分股份暂不上市交易的状况，使暂不上市交易的股份（非流通股）获得上市流通权。

2．协议收购外资法人股

外资通过协议收购上市公司的 H 股和 B 股等外资股对目标方进行收购。协议收购外资法人股开了中国外资并购流通股的先河。但实践中，由于发行 H 股和 B 股的公司只占上市公司股份总数很小的比例，同时 H 股和 B 股占总股本的比例较小，所以难以达到控股的目的。由于以上原因，目前外资通过 B 股市场进行的并购并不活跃。

1995 年 8 月，美国福特汽车公司与赣江铃达成协议，出资 4000 万美元收购赣江铃新发 B 股的 80%。这次并购的结果是美国福特汽车公司最终成为赣江铃的第二大股东，持有江铃总股本的 20%。这一举动提醒我们：中国上市公司中有同时发行 A 股、B 股或 H 股、N 股的公司，外商可以通过大量增持 B 股、H 股或 N 股等，达到控股上市公司的结果。

沪市上市公司耀皮玻璃第一大股东皮尔金顿国际控股公司是英国皮尔金顿有限公司的控股子公司。皮尔金顿一开始就是耀皮玻璃的发起人，上市时持有耀皮玻璃 3255.96 万股的外资法人股，占公司总股本的 8.35%。1999 年它受让了耀皮玻璃发起人之一联合发展（香港）有限公司拥有的 4069.9547 万股外资法人股的股权。

3．海外上市模式——利用中国企业海外上市机会增持股份

目前中国海外上市的途径有：发行 N 股、H 股、S 股和 T 股，以及在纳斯达克和香港二板市场上市。近来年，中国一些大型国有控股企业在海外上市成功，例如中国联通、中国电信、中油股份等，都在国际市场上筹得巨额资金。外商可以利用中国企业在海外上市的机会增持股份进而实现并购。

4．增资式收购，国内上市公司向外资定向增发股份

根据《外国投资者对上市公司战略投资管理办法》，国内上市公司可以通过定向增发的方式向外资投资者增发股份。这意味着，目前外资

可以通过定向增发方式收购 A 股和 B 股、H 股。与协议收购相比，定向增发方式更为公开、公正、公平，没有太多的法律障碍。

5. 认购上市公司发行的可转换债券后实现并购

用可转换债券作为并购支付方式是国际上较为常见的一种惯例。这种方式一方面可以使外商在持有债券时获得稳定收益，降低风险，也可以使中方控制权不被立即稀释。2002 年 10 月 21 日，青岛啤酒与美国 AB 公司签署《战略投资协议》。根据该协议，前者向后者定向增发可转换债券，一旦全部债券转换为股票后，AB 集团将持有青岛啤酒 27% 的股权，成为仅次于青岛市国资局（转股完成后持有 30.6% 的股份）的第二大股东。

三、外资并购国有企业相关制度的演变

随着对外开放的发展，中国规制外资并购国有企业的态度也逐步发生变化，经历了从自发状态，到排斥，再到规范的过程。表现在外资并购的制度上，法律法规经历了一个从限制到开放，再到鼓励与规范并重的过程，并日益走向系统化。根据外资并购的特点以及中国出台的相关制度可以分为四个阶段，萌芽期、发展期、相对成熟期和蓬勃发展期。

（一）"中策现象"与"北旅案例"——萌芽期

"中策现象"、"北旅案例"是中国外资并购的标志性事件，它们引发了国人对于外资控股并购国有企业问题的法律思考，导致了中国立法对外资并购的排斥。

1."中策现象"与限制外资并购国有企业

1991年6月，印尼华人黄鸿年购买香港的红宝石公司，12月更名为"香港中策投资有限公司"，1994年该公司又更名为"香港中策投资集团公司"，简称"中策公司"。中策公司具有国际金融资本的色彩。从1992年4月开始，中策公司董事长黄鸿年在两年多的时间里，以建立由中策控股51%以上的合资企业的方式，增加在中国的股权投资，把国内不同行业和地区的百余家国有企业成批改造成35家中外合资公司。中策公司在控股大批国有企业之后，将其在太原的双喜轮胎公司所占的55%股份和在中策杭州橡胶公司所占的51%的股份合起来在百慕群大岛注册了一家由中策公司全资控股的中国轮胎公司，于1993年7月1日在美国纽约证券交易所上市，获得9400万美元。中策公司还将其拥有的泉州啤酒厂60%的股权和杭州啤酒厂55%的股权转让给日本朝日啤酒和伊藤忠财团。中策公司上市集资所得款项及转让股权的收益部分地用于对其他国有企业的控股收购。中策公司的这种投资的规模、对象、行为、方式引起了人们广泛的关注，人们将之称为"中策现象"。更准确地讲，中策现象，就是利用国际财团的资本实力，对中国国有企业进行成片、成行业"打捆式"的参股、控股和改造，然后利用国际财团的金融操作手段，在国际资本市场出售谋利。

"中策现象"可被看做是外资并购中国国有企业的开端，由此诸多国外大企业、大财团纷纷前来并购中国企业。当时中国政府还没有出台任何关于外资控股并购国有企业的政策性法规。中策并购凭借的法律依据包括《公司法》、《中外合资经营企业法》以及《合同法》等，可以说，"中策现象"是一种"打擦边球"的行为。许多法律都可以借用，但大多模糊而不十分确切，这就给外资并购留下很多的自由空间。

根据《中外合资经营企业法实施条例》第二十一条："合营企业的注册资本，是指为设立合营企业在登记管理机构登记的资本总额之和。"可见，资本总额为合营各方认缴的出资额之和而非实缴的出资额之和，即各方不一定在登记时足额出资即可成立中外合资经营企业。《中外合资经营企业合营各方出资的若干规定》是对这一出资制度的具体化，该规定允许合营各方一次缴清出资，也允许合营各方分期缴付出资，但对分期缴付出资的期限未作限定，可由合营各方在合同中协商确定。由于没有严格的缴款期限的法律规范，中策公司与国有企业控股合资时，仅投资 2000 万美元就并购了五大橡胶轮胎厂，成为外国投资者利用中国法律低成本收购的典型。由此可见，"并购法"等各种专项法律的缺失以及法律条款的漏洞，是利用外资改造国有企业和外资控股并购的巨大障碍。迅速发展的并购浪潮对传统的国有经济的概念形成了剧烈的冲击，在并购法律法规还不健全的情况下，领导层提出了限制外资并购国有企业的要求[①]。

2."北旅案例"与禁止外资并购法人股的规定

1995 年前，外资并购主要是以合资或者购买产权的形式完成的，1995 年开始将目标转向上市的国有公司，并借助证券市场完成并购。中国的外资并购于 1995 年 8 月第一次达到高潮，当时有两个比较典型的案例。一是日本五十铃自动车株式会社和伊藤忠商事株式会社通过股权协议转让参股北旅股份。1995 年 8 月，日本五十铃自动车株式会社与伊藤忠商事株式会社通过协议，一次性购买北旅股份不上市流通的非国有法人股 4002 万股，占公司总股本的 25%，成为其第一大股东。二是江铃汽车通过定向增发 B 股的模式与福特汽车公司合作。1995 年，江铃汽车与福特汽车公司签署了江铃 B 股 ADS 认购协议及联合开发技术协议，福特汽车公司一次性购进江铃汽车新发 B 股的 80%，占该公司总股本的 20%，成为第二大股东。由此，福特汽车公司成为其最大

[①]　张上塘主编：《中国吸收外商直接投资热点问题探讨》，第四部分"跨国公司在我国投资问题"，中国对外贸易经济出版社 1997 年版，第 216—287 页。

的战略投资者和合作伙伴。"江铃事件"虽然是外资通过证券市场并购国有上市公司的第二例，但是该并购案又开创了外资通过大量增持 B 股控股或参股中国国有上市公司的先例，在并购市场上实现了创新。

"北旅事件"造成了国有资产严重流失，并在中国证券市场产生了极坏影响。按照北旅与日方达成的转让协议，北旅使用的土地只以每亩 5 万元人民币折资入股，地价显然偏低。另外北旅拥有 4 台由原东德生产的大型设备，当时的实际价格是 1 亿元人民币，但评估价格只有 800 万元人民币。结果，总的评估价格 5.2 亿元人民币比实际价格约 9 亿元人民币差不多少了一半。

在相关制度还没有建立以前，为了避免北旅类似事件的发生，1995 年 9 月 23 日国务院办公厅转发国务院证券委《关于暂停将上市公司国家股和法人股转让给外商的请示的通知》。《通知》明确规定："在国家有关上市公司国有股和法人股管理办法颁布之前，任何单位一律不准向外商转让上市公司的国有股和法人股。在国家有关管理办法颁布后，按规定执行。"至此，外资并购国有上市公司被画上了句号，直到 2002 年中国才重新开启外资并购国有企业的大门。

（二）《外商投资企业投资者股权变更的若干规定》 ——发展期

从 20 世纪 90 年代初兴起的第五次并购浪潮在世纪之交达到了高潮，跨国公司作为国际经济活动的主体其经营活动在全球迅速扩张，为中国大规模地利用外资提供了广阔的国际背景；在国内，随着中国经济体制改革的继续深入，利用外资对国有企业进行战略性重组成为一条切实有效的途径，中国政府和企业在对待外资的态度上逐渐趋于冷静和理性。

为了适应国内和国际形势的变化需要，中国外资立法不断修订完善，颁布了一系列允许外资收购兼并内资企业的法律、法规，而不是简单地禁止外资并购。

1997 年 5 月 28 日，对外贸易经济合作部（现商务部，下同）和国家工商行政管理局联合印发《外商投资企业投资者股权变更的若干规定》，对中外合资经营企业、中外合作经营企业、外商独资企业的投资者或其在企业的出资份额发生股权转让或收购行为所需履行的审批和变更登记手续作了规定。

1997 年 9 月 29 日，对外贸易经济合作部和国家工商行政管理局联合出台了对《中外合资经营企业合营各方出资的若干规定的补充规定》，明确提出：对通过收购国内企业资产或股权设立外商投资企业的外国投资者，应自外商投资企业营业执照颁发之日起 3 个月内支付全部购买金。对特殊情况需延长的，经审批机关批准后，应在营业执照颁发之日起 6 个月内支付购买总金额的 60% 以上，在 1 年内付清全部购买金，并按实际缴付出资额的比例分配收益。控股投资者在付清全部购买金额前，不能取得企业决策权，不得将其在企业中的权益、资产以合并报表的方式纳入该投资者的财务报表。

1998 年 11 月 1 日，国家经济贸易委员会颁布《关于国有企业利用外商投资进行资产重组的暂行规定》，从国有企业利用外商投资进行资产重组的角度，提出了必须遵循的"四项基本原则"：严格遵守《指导外商投资方向暂行规定》及《外商投资产业指导目录》等法律法规；妥善安置下岗职工，不得损害职工的合法权益；切实维护国有资产权益，防止国有资产流失；保护债权人利益，不得以任何方式逃避银行债务。

1999 年 1 月，对外贸易经济合作部和国家工商行政管理局联合发布《关于外商投资企业合并与分立的规定》，指出公司合并可以采取吸收合并和新设合并两种形式，并对外国投资者的股权比例、审批程序等做了规定。其中第二十四条对外商投资可能导致的垄断行为作出规定："如果外经贸部认为公司合并具有行业垄断的趋势或者可能形成某种特定商品或服务的市场控制地位而妨碍公平竞争，可于接到所述有关文件后，召集有关部门和机构，对拟合并的公司进行听证并对该公司及其相关市场进行调查。"

2000 年 7 月 25 日，对外贸易经济合作部和国家工商行政管理局联合发布《关于外商投资企业境内投资暂行规定》，对外国投资企业在中国境内购买其他企业投资者股权的行为加以规范，指出外商投资者应符合下列条件，方可购买国内企业的股权：注册资本已缴清；开始盈利；依法经营，无违法经营记录。

2001 年 11 月 10 日，对外贸易经济合作部和中国证券监督管理委员会联合颁布《关于上市公司涉及外商投资有关问题的若干意见》，在允许外商投资股份有限公司境内上市发行股票的同时，也允许"外商投资企业（包括外商投资股份有限公司）按《外商投资企业境内投资的暂行规定》规定的程序和要求，受让境内上市公司非流通股"，但"暂不允许外商投资性公司受让上市公司非流通股"。

至此，中国初步建立了允许外资控股并购内资企业的法律框架。但这些法律规定并不系统，其中外商并购国有企业的相关立法明显滞后。

（三）《关于向外商转让上市公司国有股和法人股有关问题的通知》——相对成熟期

在此时期中国政府对引入外资给予了前所未有的重视，并注重从立法上推进外资并购国有企业的步伐。多部有关外资并购国有企业的规章相继出台。主要包括：

1.《关于向外商转让上市公司国有股和法人股有关问题的通知》

2002 年 11 月 1 日，中国证监会、财政部、国家经贸委发布了《关于向外商转让上市公司国有股和法人股有关问题的通知》（以下简称《通知》）。《通知》的发布，标志着外商收购境内上市公司进入实质性实施阶段。其主要特点如下：

（1）确立了外资并购的规则

《通知》提出，向外商转让国有股、法人股应遵循的原则是：

遵守国家法律法规，维护国家经济安全和社会公共利益，防止国有资产流失，保持社会稳定；

符合国有经济布局战略性调整和国家产业政策的要求，促进国有资本优化配置和公平竞争；

坚持公开、公正、公平的原则，维护股东特别是中小股东的合法权益；

吸引中长期投资，防止短期炒作，维护证券市场秩序。

（2）对外资的要求较高

《通知》规定，受让上市公司国有股和法人股的外商，应当具有较强的经营管理能力和资金实力、较好的财务状况和信誉，具有改善上市公司治理结构和促进上市公司持续发展的能力。从上述规定看，对于实力较差、信誉欠佳、管理能力不强的外商，如欲受让上市公司股权，必然遭到行政审批的过滤。

（3）由市场确定转让价格

《通知》规定，向外商转让上市公司国有股和法人股原则上采取公开竞价方式。以往上市公司国有股、法人股的转让，在保证国有资产不流失的前提下，主要由当事人双方协商产生价格，这样，转让价格的合理性未必能够得到充分体现。采取公开竞价方式，将使价格更加公平合理。

（4）限定外商投资上市公司的最短期限

《通知》规定，外商在付清全部转让价款 12 个月后，可再转让其所购股份。外商转让所持股份，受让方无身份限制，既可以是新的外商，也可以是境内投资者。但外商持有的股份，在现有的制度下，属于非流通股，不能在证券交易所挂牌交易。因此，对二级市场股票供求不会发生影响。

（5）关于外商投资企业的国民待遇

《通知》规定，上市公司国有股和法人股向外商转让后，上市公司仍然执行原来的有关政策，不享受外商投资企业待遇。但是，目前中国外商投资企业按《外商投资企业和外国企业所得税法》和财政部、国家税务总局《关于对中外合资经营、合作生产经营和外商独资经营企业有关征收所得税问题几项规定的通知》，却要享受相应的税收优惠待遇，这使外资并购后的企业待遇与外商绿地投资企业的待遇不一致。

（6）部分行业准入限制

《通知》规定，向外商转让上市公司国有股和法人股，应当符合《外商投资产业指导目录》的要求。凡禁止外商投资的，其国有股和法人股不得向外商转让；必须由中方控股或相对控股的，转让后应保持中方控股或相对控股地位。因此，《通知》的出台，并不标志着外商可以成为任何一家上市公司的控股股东或股东。

《通知》的发布标志着外资并购境内上市公司进入了实质性操作阶段，中国自1995年9月以来实行的"暂不允许向外商转让上市公司国家股和法人股"的政策禁令被彻底解除，暂停了多年的外资并购国有上市公司行为得以重新启动，是中国上市公司的收购在制度上的突破。它从政策上允许外商受让上市公司国有股和法人股，明确了外资收购的市场准入问题和收购主体的待遇问题，而且对外商受让的程序、外资行业政策、外汇管理等方面都作出了明确的政策规定。而在此前不久颁布的《上市公司收购管理办法》则主要解决的是外资收购的程序和权利义务问题，与之相配套的《上市公司股东持股变动信息披露管理办法》搭建起信息披露管理体系。因此可以说该《通知》和证监会9月28号发布的《上市公司收购管理办法》和《上市公司股东持股变动信息披露管理办法》一起，搭建起了外商收购上市公司监管的基本政策和程序框架。证监会也可以按照上述两个《办法》和一个《通知》的规定，对上市公司收购程序和相关的信息披露进行监管。

但是，由于《通知》中规定，外商并购上市公司国有股和法人股后不能享受外商投资企业的优惠待遇，也不可避免地影响到外资选择并购上市公司的方式投资中国市场。

2.《利用外资改组国有企业暂行规定》

2002 年 11 月 8 日，国家经贸委、财政部、国家工商行政管理总局联合发布了《利用外资改组国有企业暂行规定》（以下简称《暂行规定》）。《暂行规定》与此前出台的《关于向外商转让上市公司国有股和法人股有关问题的通知》一并构成中国利用外资改组国有企业的法规体系，标志着中国国有企业改革和对外开放进入一个新的阶段。

《利用外资改组国有企业暂行规定》中规定的利用外资改组国有企业的 5 种形式：产权转让（国有企业的国有产权持有人将全部或部分产权转让给外国投资者）、股权转让（公司制企业的国有股权持有人将全部或部分国有股权转让给外国投资者）、债权转让（国有企业的国内债权人将持有的债权转让给外国投资者）、资产转让（国有企业或含有国有股份的公司制企业将企业的全部或主要资产出售给外国投资者）、增资扩股（国有企业或含国有股权的公司制企业通过增资扩股吸收外国投资者投资）。

在外资并购国有企业范围方面，《利用外资改组国有企业暂行规定》中明确这一规定适用于利用外资将国有企业，含国有股的公司制企业改制或设立为公司制的外资投资企业的行为，但金融企业和上市公司除外。而《外国投资者并购境内企业暂行规定》中所指的外国投资者协议购买境内非外商投资企业股东的股权并没有明确是否把金融企业和上市公司排除在外。这两个文件之间如何衔接，在操作中如何协调，还需要有关部门进一步明确。

与《关于向外商转让上市公司国有股和法人股有关问题的通知》内容相一致，该《暂行规定》也主要指出了外资收购国有企业所应该遵守的一些重要原则，并提出了一系列规范：利用外资改组国有企业应遵守国家法律法规，保证国家经济安全；应符合国家产业政策要求，凡属《外商投资产业指导目录》禁止外商投资产业的，外商不得参与改组；须由中方控股或相对控股的企业，改组后应保持中方控股或相对控股地位；应有利于经济结构调整，促进国有资本优化配置；应注重引进先进技术和管理经验，建立规范的公司治理结构，推动企业技术进步和产业升级；应坚持公开、公平、公正、诚实信用的原则，防止国有资产流失，不得逃废、悬空银行及其他债权人的债权，不得损害职工的合法权益，同时保护外商的合法权益；应促进公平竞争，不得导致市场垄断。此外，该规定还对国有企业改组方式和程序、定价机制、职工安置以及债权债务处理等作了明确具体的规定。

《关于向外商转让上市公司国有股和法人股有关问题的通知》在收购主体的规定上有了重大突破，允许外资收购上市公司非流通股股权，在外资收购的操作细则等方面有了较大进展，使得外资收购的可能性与现实性进一步提升。《暂行规定》作为延续，共同构成了中国外资收购上市公司非流通股股权的一个比较完整的政策体系。

在此阶段国家还相继出台了一些规制外资并购境内企业的规章，包括《外国投资者并购境内企业暂行规定》、《上市公司收购管理办法》和《合格境外机构投资者境内证券投资管理暂行办法》等。虽然不是针对外资并购国有企业而制定的，但对于外资并购国有企业也有很好的推动作用，前文已经做过介绍，此处不再赘述。

（四）《外国投资者对上市公司战略投资管理办法》
——蓬勃发展期

根据《关于向外商转让上市公司国有股和法人股有关问题的通知》和《利用外资改组国有企业暂行规定》的规定，外商投资企业只能受让境内上市公司非流通股，将外资并购的范围圈定在非流通股领域。

2005 年中国开始实行股权分置改革，根据股权分置改革的精神，在支付对价后，非流通股将获取流通权，传统意义上的非流通股彻底退出历史舞台。曾经以非流通股尤其是国有股和法人股为收购目标的外资并购失去了方向。如果收购非流通股，股权分置改革后，将全部变为流通股；如果收购流通股，则按照当时法规政策，只有 QFII 可以购买 A 股流通股，而 QFII 购买流通股存在比例限制，根据 QFII 制度，单个 QFII 持有单个上市公司挂牌交易 A 股数额不得高于该公司总股本的 10%，所有 QFII 持有同一上市公司挂牌交易 A 股数额合计不得高于该公司总股本的 20%。这对战略收购或者以控股为目标的外资而言，并没有实质性的意义。因此需要尽快修改法规政策，允许战略收购或者以控股为目标的外资购买境内上市公司流通股，给外资并购以合理的生存空间。

2006 年 1 月 5 日，商务部、证监会、国税总局、国家工商总局、国家外管局等五部委联合发布的《外国投资者对上市公司战略投资管理办法》适应股权分置改革完成之后的新股市，为外资直接投资上市公司 A 股提供了更便利的途径，更提供了明确的制度保障。使外资并购中国上市公司逐渐走上了市场化的发展轨道。

股权分置改革完成后，外资并购面临更大的发展前景。首先，股权分置改革后，外资并购交易双方对并购的价格更容易达成一致，可以大大减少外资并购的时间，这有利于促进外资并购的发展。对于股权转让方而言，在股权分置状态下，如何定义非流通股的合理价格一直是一个令人头疼的问题，尤其是涉及国有资产的时候。此前，通常的做法是转让价参考每股净资产，上浮一定的比例，但这种转让价却经常被指责为让外资捡了个大便宜。股权分置改革完成后，原来的非流通股成为流通股后，其转让就有了合理的定价依据——二级市场交易价格。而一般情况下，二级市场交易价格要高于每股净资产，同时也能较为客观地反映上市公司的价值，对于股权转让方而言，这无疑是一件好事。而对于外资而言，虽然收购成本可能会有所提高，但是流通股的高流动性也能给其相应的保障，并且，收购流通股可以减少过去繁琐的审批程序，风险比之收购非流通股时显然相对小了很多。

相较以往 A 股市场的封闭状态而言，该办法预示着中国 A 股正逐渐步入开放时代。中国股市的大门因该项政策向外资敞开，继银行之后，A 股上市公司也走向外向型改革之路，通过外资并购推进国企改革改革已是大势所趋。

四、外资并购国有企业的相关制度问题

（一）外资并购国有企业的特殊性

本文所称的国有企业是一个广义的概念，包括国有独资企业以及国有控股公司，从企业形式上看可以分为非上市国有企业和国有上市公司两类。从中国目前法律上的规定看，与并购其他所有制形式的企业相比，以国有企业为目标的外资并购具有明显的特殊性。在法律上对外资并购国有企业作出特殊规定是出于历史与现实因素的考虑。中国历史上就有按照企业所有制形式来分别立法的基础，如《全民所有制企业法》。虽然这种立法方式早已引起了各方的争论，但该法律本身就说明中国的国有企业立法区别于其他所有制企业的立法。

1. 外资并购国有企业与国家经济安全

对于外资并购国有企业作出特殊规定主要是出于对国家经济安全的考虑。外资并购对东道国经济最突出的负面影响是对部分行业形成外资垄断，尤其是在那些关系国计民生的重要领域，如果外资通过并购对这些领域形成垄断经营，则会对东道国的经济安全构成威胁。目前国内垄断性较强的行业大多是由行政性垄断或自然性垄断形成的，主要包括电信、金融、航空、公用事业等关系国计民生的领域，而这些领域是以国有企业或国有控股公司为主，它们成为外资并购理想的目标。外资并购中国的国有企业后，将根据并购方的总体利益来决定企业的发展方向和模式，不会考虑中国的产业安全和经济安全，这就有可能与国家的产业战略发生冲突，给国家带来潜在的产业风险。外资并购国有企业的行业准入与东道国国家经济安全联系紧密。由于外资并购是以直接取得东道国目标国有企业控制权的方式进行投资，外资并购可以迅速地通过获取控制权决定被并购国有企业经营和发展，进而达到控制相关行业的目的，因而一般来讲各国对外资并购的准入限制更严于绿地投资。因此外资并购国有企业应受到东道国相对严格的准入限制。

相对于发达国家而言，发展中国家对外资准入的限制较严。发展中国家为了维护本国主权与经济利益，将外资的利用纳入经济发展的轨道，都制定了相应的法律对外资领域进行限制，这种限制是符合国家主权原则的合法行为。如印度尼西亚规定，对港湾、公用发电、输电、通信、海运、航空、运输、公用铁路，原子能开发等行为，不允许外资全面控制，至于与国防相关的领域，如武器、弹药以及军用器材的生产，则完全禁止外资进入。巴西还禁止航空、航海航运、渔业等部门的投资，在石油勘探、采矿、铁路、交通、邮电等领域进行限制[①]。由以上可以看出，发展中国家限制或禁止外资投资领域通常是一些战略性或敏感性的国防安全部门，支配国家经济命脉的重要工业部门以及需要重点保护的民族工业，有些国家甚至不允许外资在通常情况下收购国有企业。多数发达国家对外资一直奉行比较开放的政策，但同时对外资进入进行管制，禁止或限制进入一些关系到国家安全和国计民生的重要部门。从联合国公布的几个主要发达国家外资准入的范围看，美国禁止外资进入的领域是：沿海和国内航运、原子能、水

---

① 桑百川：《外资控股并购国有企业问题研究》，人民出版社 2005 年版，第 340 页。

电，限制外资投资的部门（禁止控股）包括通信、航空、军工、矿业。在法国禁止外资投资的部门是公用事业，限制外资进入的是计算机软件、保险、国防、矿业。在意大利，禁止外资进入的是公用事业，限制外资进入的是银行、航运。澳大利亚禁止外资进入的是银行业，限制外资进入的领域是广播、商业性航空、金融、保险、不动产。在日本，禁止外资进入的领域是原子能、公用事业、水电、交通、银行、广播、矿业、飞机、武器、炸药等[①]。

从中国目前立法看，关于外资并购的准入方面可以分为立法原则和行业准入规则两个层次。

（1）外资并购国有企业的立法原则

在立法原则方面中国相关规章主要提出在外资并购国有企业中要保证国家经济安全，符合国家产业政策要求。具体规定包括：

a.《关于外国投资者并购境内企业的规定》第四条规定，外国投资者并购境内企业，应符合中国法律、行政法规和部门规章对投资者资格和产业政策的要求。

b.《利用外资改组国有企业暂行规定》第六条规定，利用外资改组国有企业应当遵循下列原则：（一）遵守国家法律法规，保证国家经济安全；（二）符合国家产业政策要求。企业（包括其直接或间接持股的企业）经营范围属于《外商投资产业指导目录》禁止外商投资产业的，外国投资者不得参与改组；须由中方控股或相对控股的企业，改组后应当保持中方控股或相对控股地位。

c.《关于向外商转让上市公司国有股和法人股有关问题的通知》第一条规定，向外商转让上市公司国有股和法人股，应当遵循以下原则：（一）遵守国家法律法规，维护国家经济安全和社会公共利益，防止国有资产流失，保持社会稳定；（二）符合国有经济布局战略性调整和国

---

① 张远忠：《外资并购国有企业中的法律问题分析》，法律出版社 2004 年版，第 80 页。

家产业政策的要求，促进国有资本优化配置和公平竞争。

比较以上三个规定，可以看出在适用于所有企业的《外国投资者并购境内企业暂行规定》中，着重强调的是符合国家产业政策要求，而没有明确提出维护国家经济安全。而在《利用外资改组国有企业暂行规定》和《关于向外商转让上市公司国有股和法人股有关问题的通知》这两部针对外资并购国有企业及国有上市公司的规定中，都在最显著位置强调了维护国家经济安全的原则，其次是符合国家产业政策。因此在中国外资并购国有企业的立法中更加着重突出了保证国家经济安全的重要性。应当提出的是，作为原则，维护国家经济安全仍是一个比较抽象的概念。目前的立法中还没有就外资并购国有企业危害国家经济安全的标准做出具体规定。今后应当在相关立法中进一步明确该标准，以增强立法的可操作性。

（2）外资并购国有企业的产业准入

从外资并购国有企业准入规则看，1995 年以前中国专门性的产业准入立法长期处于几近空白状态，有关外资产业准入的规定，散见于一系列外资投资企业法中。经国务院批准，国家计委和外经贸部于 1995 年 6 月 29 日联合发布的《指导外资投资方向暂时规定》和《外资投资产业指导目录》，首次以部门规章形式对外公布鼓励、允许、限制、禁止外商在中国投资的产业领域。2002 年的《指导外商投资方向规定》及《外商投资产业指导目录》在原有基础上又进行了完善和修订，与中国加入 WTO 的承诺相衔接，按照承诺的地域、数量、经营范围、股比要求和时间表，进一步开放银行、保险、商业、外贸、旅游、电信、运输、会计、审计、法律等服务贸易领域，同时将有关承诺的内容列为《目录》附件，将原先禁止外资进入的燃气、热力、给排水等行业列为对外开放领域。2005 年 1 月 1 日起执行的《外商投资产业指导目录》延续了 2002 年的方向，调整不大，在鼓励类中首次将广播电视节目制作、发行和电影制作列为对外开放领域，并对已经出现盲目投资的热点行业或产品，从鼓励外商投资目录中删除，调整为允许类外商投资项目。在禁止领域仅增加了社会服务业中的社会调查行业。2007 年修订的《外商投资产业指导目录》进行了较大调整，一是进一步扩大了对外开放的领域，修订后的《目录》共列入鼓励、限制和禁止类条目 478 条。其中鼓励类 351 条，比原目录增加了 94 条，占目录的比重由原来的 69% 提高到 73%；限制类 87 条，占目录比重由原来的 21% 减少到 18%；禁止类 40 条，占目录的比重由原来的 9% 减少到 8%。二是为积极推动自主创新、推进产业结构升级和优化，2007 年《目录》根据国家经济发展的需要，将现代农业、高新技术产业、现代服务业、高端制造环节和基础设施等领域列入了鼓励类，并将中国政府有关部门已发布的《鼓励外商投资高新技术产品目录》中的 522 项产品纳入新《目录》中的鼓励类，相当于 88% 的《高新目录》产品列入了新条目。三是，为加强能源资源和生态环境保护，增强可持续发展能力，2007 年《目录》将发展循环经济、清洁生产、可再生能源和生态环境保护以及资源综合利用产业列入了鼓励类。四是为促进平衡发展的贸易政策，2007 年《目录》取消了原目录鼓励类中"产品全部直接出口的允许类外商投资项目"条目。

中国虽然在《外商投资产业指导目录》中规定了禁止外商设立独资企业和外商控股的产业内容，但对于外资并购而言，中国没有单独制定外资并购的产业政策，更没有就外资并购国有企业的准入要求作出具体规定。目前外资并购国有企业的产业准入与其他的外商投资产业准入等同视之，对于哪些领域允许外资并购、那些领域鼓励外资并购、哪些领域禁止外资并购，缺乏全国统一透明、操作性强的产业准入规则。这不仅会使并购的难度加大、谈判困难、并购交易成本上升、而且与 WTO《与贸易有关的投资措施协定》矛盾。为了有效推动国有企业参与跨国并购，在外商并购国有企业中获得最大利益，有必要在相关立法中规定具体的外资并购国有企业的产业准入规则，尤其是明确外资并购国有企业中有关国计民生的重要产业的准入范围，以防止外资在这些领域形成垄断，威胁国家的产业经济安全。

国家的产业安全是至关重要的，制定外资并购的产业规则应在社会主义市场经济的体制框架下，根据国有经济在国家经济中的地位和作用，以及应有的产业分布结构，根据中国生产力发展状况和世界经济发展动态，确定外商可以参与并购的产业领域，以实现中方利益最大化。本文认为，外资并购可以参与的产业领域应当包括：第一，不涉及中国国民经济命脉的主要行业和关键领域，在这些领域即使外商控股或外商控制，也无法左右国民经济的发展。涉及国民经济命脉的主要行业和关键领域应当包括有关国家经济安全的领域、自然垄断性行业、提供公共产品和服务的主要行业、国民经济支柱产业和高新技术产业中的主要门类。第二，中国缺乏国际竞争优势且属于全球技术产业中的主要门类。即使不容许外资并购，这些领域内的本土企业也很难独立地快速成长，通过外资并购可以获得更多发展机会。符合这两个条件的产业，都应是允许外资并购的领域。对于关系国民经济命脉的领域，也要有动态的思维，并寻找新的发展思路。过去一直被世界许多国家认为是属于国民经济命脉的领域，如电信、交通、运输、电力、公共设施等，如今随着经济社会的发展，也越来越多地被纳入了开放的领域，进入了跨国并购的主战场。因此只能将真正涉及国民经济命脉的主要行业和关键领域按其重要程度列为禁止或限制外资并购的领域，而对于其他领域可以允许外资进行并购。

2．外资并购国有企业的特别规定

中国明确提出要积极利用外资，除关系国家安全和经济命脉的重要行业或企业必须由国家控股外，取消其他企业的国有股权比例限制，并鼓励外资以并购方式参与国有企业重组改造。同时提出国有资本要实行战略性退出，要引进外资、民资参与国有企业特别是国有大中型企业的

187

改革，发挥市场的力量推动国有企业的重组与改革。中国的国企改革处于关键时期，国家正在对国有经济实施战略性布局调整。为实现以上的战略目的，国家陆续出台了多部关于外资并购国有企业的法规政策，力图为外资并购国有企业创造良好的法律政策环境，同时也要防范并购过程中出现各种负面影响。相对于其他所有制企业而言，外资并购国有企业具有更加复杂的特点。出于以上现实因素的考虑，国家目前对于外资并购国有企业问题采取了制定特别法的方法。按照特别法优于一般法的原则，外资并购国有企业时应当优先适用国家关于并购国有企业的规定。

《关于外国投资者并购境内企业的规定》是到目前为止中国关于外资并购最为全面的法律文件，本文认为其可以视同为目前中国外资并购的一般法，该文件适用于所有外国投资者并购境内企业的行为，包括并购不同所有制的公司企业以及不同组织形式的公司企业。

目前有关外资并购国有企业的专门法规主要有《利用外资改组国有企业暂行规定》（2002 年 11 月 8 日）、《关于向外商转让上市公司国有股和法人股有关问题的通知》（2002 年 11 月 1 日）以及《企业国有产权转让管理暂行办法》（2003 年 12 月 31 日）等。从法律的效力层次上看，以上提及的法律文件都是各行政部门对同一事项或相关事项，分别基于自己的行政职权而出台的部门规章，可以视为处于同一效力层次上。本文认为，为适应当前中国利用外资并购方式重组国有企业特殊背景，目前在处理外资并购国有企业的特殊性问题上可以近似采纳特别法与一般法发生冲突时适用特别法的原则，即当出现关于外资并购国有企业的特别规定与外资并购一般企业的法律规定有冲突的情况时，优先适用特别规定。但从长远目标看，国家立法部门最终应当对这些冲突进行协调统一，制定适用于各种所有制形式的外资并购法律，否则会与中国外资法领域国民待遇原则的适用产生矛盾，也会使并购方感到难以适从。与外资并购境内一般企业相比外资并购国有企业的特别规定可以归纳如下：

（1）关于外资并购国有企业后享受外商投资企业待遇问题

《关于向外商转让上市公司国有股和法人股有关问题的通知》第九条明确规定，上市公司国有股和法人股向外商转让后，上市公司仍然执行原有关政策，不享受外商投资企业待遇。就是说，外资并购国有控股上市公司的国有股和法人股的，无论并购股份的比例是多少，该上市公司都不享受外商投资企业待遇。

（2）外资并购上市国有控股公司应符合国有资产管理的相关规定

《外国投资者对上市公司战略投资管理办法》（2006 年 1 月 5 日）第五条特别规定，"涉及上市公司国有股股东的，应符合国有资产管理的相关规定。"就是说当外资战略投资者并购国有控股公司中的国有股份，涉及到国有股东时，则必须适用中国国有资产管理的相关法律规定。

此外，外资并购国有企业在国有资产评估问题、职工权益保护与补偿问题等方面还有特别规定。本文将在下面特别论述。

（二）外资并购中的国有资产评估制度

国有资产评估制度是外资并购国有企业中一项至关重要的制度。外资并购国有企业与外资并购境内其他所有制形式的企业的主要不同点在于对国有资产的处置问题。由于国有企业中所有者缺位、内部人控制泛滥，以及国有资产委托代理关系下特殊的外商跨国并购机制，导致并购过程中低估漏估国有资产的现象时有发生。建立完善的国有资产评估制度可以科学评估外资并购的国有资产的价值，防止国有资产的流失。

尽管从理论上讲，外资并购与国有资产流失并无必然联系，但在外资并购的实际操作中，国有资产的流失问题确实非常严重。据统计，1992 年全国 8550 家国有企业与外商合资合作，其中 5000 多家出资的 675 亿元账面资本没有经过评估，按有关部门计算得出的 45.2% 的增值率计算，国有资产就白白流失掉 305 亿元。如果加上由于中方商标、经营权、生产许可证等无形资产低估所导致的国有资产流失，这一数字会更大。可以说，防止国有资产流失是建立国有资产评估制度的根本原因和最终目标。

1. 国有资产流失的表现形式

国有资产流失的方式很多，但基本的形式可分为两种，即国有资产的公开流失和潜在流失。

（1）公开流失

国有资产公开流失是指在国有产权交易过程中，由于资产评估不准确，低估漏估国有资产而导致的流失。据初步估计，国有资产转让过程中，采用公开拍卖形式出售的国有资产价格一般比资产评估机构的评估价格高出 10% 左右，而采用私下交易方式出售国有资产的价格一般比评估价格还低 30% 左右。要控制外资并购过程中的国有资产公开流失，关键在于实现国有资产评估的公正、合理和科学化。

（2）潜在流失

国有资产潜在流失是指国有资产收益的流失或称隐性流失，即由于机会主义行为——偷懒行为和渎职行为，造成国有资产经营管理不善，运营失误而未能获得正常的收益。投资的目的是获得收益，本该获得的收益被侵占或根本没能获得，就是资产的潜在流失。目前中国国有资产的潜在流失比公开流失更严重。

在外商控股并购国有企业中极有可能发生国有资产的公开流失，但不会加剧潜在流失，倒可能由于并购后企业产权结构和企业治理结构的变化，减少国有资产的潜在流失，从这种意义上讲，利用外资控股并购，有可能成为减少国有资产流失的重要途径。

2. 国有资产流失的原因

外资并购中国有资产流失的原因异常复杂，既有观念问题也有体制问题；既有政策不到位、法律不健全的原因，也有执法不严、监督不力的问题；既有产权市场发育不全的原因也有资产评估体系不健全方面的原因。主要可归纳为以下几方面。

（1）自愿性流失

自愿性流失指基于国有企业的所有权人或其委托代理人的自愿性行为而导致的流失。国有企业为了吸引资本雄厚、具有先进技术和管理经验的外资并购，愿意用低于市场竞争性的价格出售国有企业，这样可能会给本地区或本部门带来较大的引资利益和关联效益，却造成国有资产的大量流失。另外，一些地方求资心切，仅从狭隘的局部利益出发，盲目崇拜外资，淡化了国有资产保护意识。它们竞相许诺优惠条件，自行颁布超越国家规定的各种优惠政策。这种优惠大战引起严重的内耗，不仅没有利用外资，反而被外资利用。

（2）技术性流失

技术性流失指基于技术上的原因而导致的国有资产的流失，技术上的流失主要是资产评估不规范而造成的国有资产的流失。主要有三种情况。

一是外资并购国有企业是在中国建立现代企业制度改革刚刚起步的阶段发生的，在早期被并购的国有企业往往还不是公司制企业，或尚未实行股份制改造，企业的国有资产还没有经过规范化的核定和评估。后期虽然外资并购的目标转向国有上市公司，但由于股权分置，导致国有股权事实上没有进入股市流通，不能通过资本市场得到动态的评价。在外资并购中中方的国有资产往往被低估，加上忽略国有企业创立的成本和企业长期经营中形成的商誉等无形资产的价值，造成事实上的国有资产价值被低估。

二是外商常常利用转移定价的方式，高估外方资产，相对又造成国有资产的低估。在并购交易时，如果外商不是以现金出资，而是以机器设备为股本实施并购，外商就会利用中国企业基于引进先进技术设备，享受某些优惠政策的心理，以及对国际市场行情和技术标准上的知识缺陷，在引进设备上大做文章，进口的设备以次充好，大部分外方资产没有经过商检部门检验，致使外方资产价值高估问题十分严重，国有企业蒙受了巨大损失。

三是中国目前缺乏权威性的资产评估机构和高素质的专业评估队伍，缺乏科学的评估标准和有力的评估监管制度。中国的资产评估事业，尤其是涉外资产评估事业的发展滞后于经济发展。评估力量薄弱，外来干预因素多，造成评估粗糙，甚至流于形式。

（3）交易性流失

交易性流失指外资并购国有企业的产权交易行为不规范造成的国有资产流失。

a. 中国产权交易市场发育程度低且交易混乱。由于中国目前没有形成统一、规范的产权交易市场，从总体上看，交易市场比较浅显和混乱。就有形产权交易市场而言，发育程度最高的股票市场长期没有达到全流通，公众股、法人股和国家股各有各的规则。而无形产权交易市场则更难把握。由于缺乏统一清晰、规范的交易规则，没有足够的信息披露和高素质的评估机构以及市场中介机构，并购行为的交易成本较高，并购双方只能在信息残缺的市场中实行并购。加上自愿性流失因素，被并购方往往处于不利地位，在并购中常常以低于竞争性的价格出售。

b. 从交易动机讲，在国有企业与外方的产权交易中，往往将出让国有产权视为目前摆脱国有企业困境的出路，视外资的注入更重于国有资产的保值增值和国有企业的自主发展。以这种动机进行产权交易，国有资产的流失就很难避免。

c. 从交易方式看，国有企业大多不太了解国际资本的运作方式、不熟悉跨国公司开拓发展中国家市场的惯用策略，单纯着眼于引进资本，缓解企业资金困境，缺乏保护企业整体资产的意识。

d. 从交易地位看，产权交易是一种交易双方相互博奕的过程。博奕结果不仅取决于交易双方各自对其成本和收益的评价，而且取决于彼此对交易对手这种评价的权衡。中国产权交易市场目前可以说是一个供大于求的市场，外方作为并购方有明显的谈判优势。这种交易地位，再加上信息的不对称性，导致交易中国有资产的定价往往是不公平甚至是掠夺性的，因而国有资产流失在所难免。

（4）制度性流失

由于前文所述的"所有者缺位"问题，国有资产缺乏体现真正的所有者意志和利益的运作机制，国有资产的流失与实际经营者的切身利益没有直接关系，导致其对国有资产流失的漠不关心。

3．国有资产评估的法律制度

由于外资并购中存在比较突出的国有资产流失问题，建立国有资产评估制度就显得尤为重要。目前在外资并购国有企业中，对国有资产评估所依据的法律规范有：

（1）财政部颁布的 2002 年 1 月 1 日起实施的《国有资产评估管理若干问题的规定》及配套的《国有资产评估项目核准管理办法》、《国有资产评估项目备案管理办法》

上述规定是在 1998 年国务院机构改革，将原 1988 年建立的独立的国有资产管理局并入财政部后，由财政部颁布的。它旨在改革国有资产评估的行政管理方式，加强资产评估监督管理工作，也使外资并购国有资产时的国有资产评估有了相对规范的办法。但这些法律规范所确定的国有资产评估制度已不完全适应入世后新的外资并购国有企业行为的需要。

特别是中共十六大以后，国有资产的监督管理体制发生变化，国有资产的所有者职能转移给国有资产监督管理委员会，虽然相关的国有资产评估管理办法仍然具有行政法规的效力，但随着国资委作为国有资产所有者职能到位，国资委在管理、评估国有资产方面出台了新的管理制度。

（2）《企业国有产权转让管理暂行办法》

2003 年 12 月 31 日国务院国有资产监督管理委员会、财政部联合发布《企业国有产权转让管理暂行办法》，该办法自 2004 年 2 月 1 日起施行，标志着企业国有产权交易制度建设正在形成和完善。《办法》明确了各方在企业国有产权转让中的权利和责任，包括确定国有资产监督管理机构及所出资企业应履行的职责，规定了产权交易机构的资质条件，并明确提出了国有产权转让过程涉及的机构和负责人（国有资产监管部门、转让方、转让标的企业、受让方、产权交易机构以及社会中介机构）在违法违规行为中所需要承担的法律责任。

a.《办法》的适用范围

《办法》规定，国有资产监督管理机构、持有国有资产的企业将所持有的企业国有产权有偿转让给境内外法人、自然人或者其他组织的活动，将适用该办法。而金融类企业国有产权转让和上市公司的国有股权转让，仍按照国家有关规定执行。

b. 国有资产监督管理机构的监管职责

《办法》明确了国有资产监督管理机构的监管职责。第八条："国有资产监督管理机构对企业国有产权转让履行下列监管职责：（一）按照国家有关法律、行政法规的规定，制定企业国有产权交易监管制度和办法；（二）决定或者批准所出资企业国有产权转让事项，研究、审议重大产权转让事项并报本级人民政府批准；（三）选择确定从事企业国有产权交易活动的产权交易机构；（四）负责企业国有产权交易情况的监督检查工作；（五）负责企业国有产权转让信息的收集、汇总、分析和上报工作；（六）履行本级政府赋予的其他监管职责。本办法所称所出资企业是指国务院，省、自治区、直辖市人民政府，设区的市、自治州级人民政府授权国有资产监督管理机构履行出资人职责的企业。"
第二十五条："国有资产监督管理机构决定所出资企业的国有产权转让。其中，转让企业国有产权致使国家不再拥有控股地位的，应当报本级人民政府批准。"

c. 出资企业的职责

《办法》第九条明确了出资企业的四项职责：按照国家有关规定，制定所属企业的国有产权转让管理办法，并报国有资产监督管理机构备案；研究企业国有产权转让行为是否有利于提高企业的核心竞争力，促进企业的持续发展，维护社会的稳定；研究、审议重要子企业的重大国有产权转让事项，决定其他子企业的国有产权转让事项；向国有资产监督管理机构报告有关国有产权转让情况。

d. 关于国有产权转让价格

《办法》第十三条指出，评估报告经核准或者备案后，作为确定企业国有产权转让价格的参考依据，在产权交易过程中，当交易价格低于评估结果的90%时，应当暂停交易，在获得相关产权转让批准机构同意后方可继续进行。

(3)《企业国有资产评估管理暂行办法》

2005年8月25日，国务院国资委颁布了《企业国有资产评估管理暂行办法》（国资委第12号令），这是国务院国资委自2003年3月份成立以来，履行《企业国有资产监督管理暂行条例》（国务院令第378号）赋予的出资人职责，在加强企业国有资产评估监管，规范企业资产评估行为方面出台的一部重要规章。

a. 监管部门和监管范围的变化

在《暂行办法》发布之前，各级国有资产监督管理机构评估监管工作和企业评估管理工作执行的主要法规都是财政部和原国家国有资产管理局制定的，法规中明确的管理职能部门主要是财政部门，监管内容主要是从行政管理角度制定的，监管范围既包括国家各部门，金融企业等，又包括评估机构的行业管理职能。而各级国有资产监督管理机构成立后，承担企业国有资产评估监管工作职能，监管内容要体现出资人的需求，监管范围只对其所出资企业，若仍执行财政部门和原国有资产管理局制定的评估法规，已不能满足出资人权责的要求。

b. 资产评估的规定

《暂行办法》主要明确了企业哪些经济行为应当进行资产评估，哪些经济行为可以不进行资产评估，同时明确企业发生资产评估事项时，由谁来委托评估机构，选择的评估机构应满足哪些条件，以及企业在评估过程中应承担哪些责任和义务。如规定企业在发生改制、产权(资产)转让、以非货币资产对外投资、合并分立破产解散等经济行为时，应当对国有资产进行评估；收购非国有资产、与非国有单位置换资产等行为必须对相关非国有资产进行评估；经政府或国有资产监督管理机构批准的无偿划转和国有独资企业内部的资产变动行为可不进行评估。

《暂行办法》明确企业发生资产评估事项时，应当由其产权持有单位委托具有相应资质的资产评估机构进行评估；企业选择的评估机构应满足具有与评估对象相适应的专业人员，与企业主要负责人不存在经济利益关系，与为同一经济行为服务的审计机构无关联关系，近3年内没有违法、违规记录等条件；明确企业要如实、全面提供有关情况和资料，不得干预评估机构的正常执业。

《暂行办法》的特点体现在转变国资委工作职能，完善资产评估管理方式。一是从以往政府部门的行政管理方式，向出资人的以产权管理为主的资产管理方式转变。二是从偏重书面审查的被动监管方式向偏重抽查的主动监管方式转变。三是从偏重审查评估过程的合规性向同时注重评估过程的合规性与经济行为的合理性相结合的审查转变。上述规定，正是根据国资委职能转变的需要，依据当前评估行业发展形势，为进一步完善评估监管方式，提高评估监管水平所作的创新和探索。

(4) 现行规定关于外资并购国有企业资产评估问题的矛盾

外资控股并购国有企业首先会涉及到国有资产的评估，只有资产评估是科学准确的，才能保护国有资产的利益，控制外资控股并购中可能出现的国有资产流失问题，也才能使外资乐于接受并购的价格。归纳现行的法律规定，存在两种意见。一是对外资并购国有企业采用国际同行的评估办法；而是采用中国自己制定的资产评估办法。

《关于外国投资者并购境内企业的规定》第十四条规定，"并购当事人可以约定在中国境内依法设立的资产评估机构。资产评估应采用国际通行的评估方法"。

并购实践证明，两种不同的评估方法，会产生相当大的价格差距，一般情况下，国际通行标准的评估价格要低于国内评估价格。因此，如果最终按跨国公司所作评估或近似价格成交，肯定会涉及国有资产的流失问题，国内企业或政府部门显然不愿意。但从另一方面看，在国内有相关法规允许采用国际通行的评估方法的情况下，又有哪家外国投资者会愿意有悖于惯例？

《国有资产评估管理办法》规定"向非国有投资者转让国有产权的，由直接持有该国有产权的单位决定聘请资产评估事务所"。这与《关于外国投资者并购境内企业的规定》所规定的"并购当事人可以约定在中国境内依法设立的资产评估机构"是相矛盾的。在实践中难以操作，对外资并购国有企业形成一定障碍。

综上可以看出，目前中国对于外资并购国有企业的资产评估实行与并购其他类型的境内企业不同的做法，即要求在外资并购涉及国有资产评估时只能根据国有资产管理的有关规定进行评估，包括评估机构的选择和评估方法都应遵守前述国有资产评估的法律规章，而外资并购其他的境内企业时，可以约定在中国境内依法设立的资产评估机构，甚至可以采用国际通行的评估方法。

4．建议

鉴于以上的情况，在国有资产评估中应注意解决以下几个问题：

（1）建立新的权威性高、规则具体清晰的国有资产评估法则，使其既符合国际惯例，又符合中国实际情况，且具有可操作性，提高国有资产评估法规和国有资产评估违法行为处罚法规的法律层次。

（2）采用哪种资产评估方法，决策权应交给企业，由中外双方谈判确定。政府在加强和改善对资产评估机构监管中协调资产评估行为。否则，政府强行规定资产评估方法影响资产评估价格和企业利益，会造成行政手段扭曲资产评估价格，从而干预企业的产权交易选择的结果，与市场经济的要求是矛盾的。

目前国有企业产权变动中的资产评估，主要采用资产重置法进行。但它只是市场经济中确定资产交易价格的一种方式，实际上有许多方法可以采用。机械、固定地采用这种方法，既可能造成对中方不利的结果，也可能造成对外方不利的结果。对于许多盈利能力较差的国有企业，外方不能接受按重置法评估的资产价值，而是要求按资产收益法评估。而对于目前盈利水平低但潜在盈利潜力大的企业，这种方法实际上会造成中方资产损失。此外，在中国已发生的外商并购案例中，没有充分考虑到"控制权转移与否"这个因素。在国外，如果收购股权的比例达到控制权转移的程度，资产价格要相应升水。也就是说，参股投资和控股投资时，资产价格并不一样。总之，企业情况千差万别，按什么方法评估，可以由双方企业商定，由有资格的中介机构操作。这样有益于以双方认同的价格实现并购，实现并购价格市场化。

（三）外资并购国有企业中的债权债务承担

外资并购实质上是一种产权交易，尽管在分类上《关于外国投资者并购境内企业的规定》规定了股权式外资并购和资产式外资并购两种方式，但实质上都是当事人之间的一揽子交易，在交易中最重要的问题是如何处理被并购企业的债权债务问题。在《外国投资者并购境内企业暂行规定》中确立了一种基本指导思想，就是允许并购当事人在不损害社会利益和他人利益的前提下，就目标方的债权债务进行特别约定和处理。

与其他境内企业相比，国有企业的债权债务承担问题尤为突出，已经成为外商控股并购国有企业的一大难题。长期以来，国有企业缺乏自我约束、自我积累、自我发展的机制，在统负盈亏的财务体制下，不少国有企业背上了沉重的债务包袱。在外商控股并购国有企业中，外商往往不愿承担国有企业留下的历史包袱，而作为国有企业所有者代表的政府机构财力有限，也难以承担企业的债务包袱；作为债权人的银行（主要是国有银行）在成为商业银行后，强化了风险约束和收益意识，为了化解金融风险，也不允许外商并购的国有企业挂账。实践中，一种情况是，外商控股并购国有企业时，主要是选择效益较好的企业或企业中的优质资产，而希望把国有企业的债务剥离出来，或者留给原国有企业，致使被剥离出来的国有企业难以生存。这部分国有企业实际上成了逃避债务的挡箭牌。而一些国有企业正是看中了外资并购的这一"功能"，从一开始就出于逃避债务的目的而选择外资并购的道路。另一种情况是，由于目前中国产权交易市场发育不完善，清产核资工作跟不上，一些国有企业在外资并购后，未经清产核资等环节就注销了法人资格，使新老法人之间责任划分不清，从而引发债权债务纠纷。

1. 现行法律的相关规定

《关于外国投资者并购境内企业的规定》以及《利用外资改组国有企业的暂行办法》等规章都在原则上规定了保护债权人利益的问题。

《利用外资改组国有企业的暂行办法》第八条第三款规定，以出售资产方式进行改组的，企业债权债务仍由原企业承继；以其他方式改组的，企业债权债务由改组后的企业承继。转让已抵押或质押的国有产权、资产的，应当符合《中华人民共和国担保法》的有关规定。债务继承人应当与债权人签订相关的债权债务处置协议。

《关于外国投资者并购境内企业的规定》第十三条规定，外国投资者股权并购的，并购后所设外商投资企业继承被并购境内公司的债权和债务。外国投资者资产并购的，出售资产的境内企业承担其原有的债权和债务。外国投资者、被并购境内企业、债权人及其他当事人可以对被并购境内企业的债权债务的处置另行达成协议，但是该协议不得损害第三人利益和社会公共利益。债权债务的处置协议应报送审批机关。出售资产的境内企业应当在投资者向审批机关报送申请文件之前至少15日内，向债权人发出通知书，并在全国发行的省级以上报纸上发布公告。

从以上两个规章看，总体上是一致的。都将外资并购的债务处理分成两种主要情况，一是资产收购，二是股权收购。以下分别分析。

2．股权并购中的债务承担

从民法上看，作为并购目标的公司企业都是独立的民事主体，这些独立的民事主体应当以其独立财产为基础对外承担民事责任。无论是外方购买目标公司股东的股权，还是认购目标公司增发的股份，目标公司的主体资格并没有发生变化。外方购买股权，使目标公司的主人——股东发生了变化；外方认购目标公司增发的股份，除了使目标公司的主人发生变化以外，目标公司的实收资本扩大了。而目标公司股东构成的变化和资本金的增加并不会导致公司人格发生任何变化。虽然由于外资股东的介入，导致目标公司在性质上由内资企业变更为外商投资企业，但从民商法的角度看，目标公司仍是原来的民事法律主体，仍然拥有公司的财产并以该财产对外独立承担民事责任。因此从目标公司作为市场主体的角度看，其应当继续承担被并购之前的权利义务。

而在实践中，购买境内企业股权的外方为了避免承担所购买目标公司的隐性债务，通常在与目标公司的股权出让人签订合同的同时约定：目标企业的债务以明示为限，超过该明示范围的债务由股权出让人负责清偿。

笔者认为，这种约定应当只在股权交易的双方之间有效，并不能对抗债权人。债权人（包括隐性债权人）仍然有权利向目标公司追偿，目标公司仍然有义务清偿该债务。实际上，即使股权的并购方和股权出让方没有对目标企业的隐性债务作出特殊约定，购买方也有权利要求出让方赔偿因目标公司承担额外的隐性债务而给购买方造成的损失。根据法律规定，即使超过明示披露的隐性债务也应当由公司负责清偿，但是在合同中明确约定，并购方在清偿后可以在一定份额内要求股权出让人予以补偿等类似的条款，对于日后迅速解决纠纷还是必要的。

3. 资产并购中的债务承担

在资产并购中，目标公司向外国投资者或外商投资企业出售其资产，无论其出售的是部分还是全部，都是目标公司与并购方之间的交易。而任何交易都不会影响交易一方的主体地位，也不会影响到交易一方的债权债务的承担问题。尤其是在外资并购中，资产的买卖一般是等价有偿的。目标公司向外方交付其资产的同时，获得了相应的交易对价——外方向其支付了货币或其他资产。因此，从理论上看，资产并购并不会影响目标公司的对外清偿能力。因此要求目标公司继续承担其债务是合理合法的。

在外资并购国有企业中，资产处分的标的不是一般的财产，而往往是国有企业的整体财产、主要财产或优质财产。国有企业进行并购导致其主要财产的形态发生变化，一般是由实物财产变为货币财产。货币财产的特点是非常容易转移。在这种情况下，企业非常容易转移其货币财产，损害债权人的利益。尤其是部分资不抵债的国有企业，在出售财产获得现金后有可能转移其货币财产或者进行个别清偿。为防止不诚实的资产出售人通过资产并购逃避债务，损害债权人的利益，要求出售资产的债务人承担通知告知的义务是必要的。另外，从国外立法的经验看，美国不仅把购买资产的活动也纳入垄断审查的范畴，还要求出售资产的一方履行必要的公告和通知手续。

还应当看到，国有企业出售的资产常常包含了优质资产和一部分债务，同时把其余债务留在目标公司内。这样随着优质资产转移的债务很可能得到全部的清偿，但是留在国有企业的债务很可能会受到损害，特别是在国有企业资不抵债的情况下，留在国有企业的债务显然无法得到全部清偿。从债权平等的角度看，赋予没有随着优质资产一并转移的债权人知情的机会，有利于债权人保护自己的权利。

4. 灵活安排目标公司债权债务的原则

《关于外国投资者并购境内企业的规定》专门设定了债权债务协议处理的条款，即在不损害第三方利益和社会公共利益的前提下，外国投资者、被并购境内企业、债权人及其他当事人，可以对被并购境内企业的债权债务的处置另行达成协议。通过该条款，并购双方可以比较灵活地处理目标企业的债权债务，达到良好的效果。比如，在外国投资者希望保留目标公司的壳，而又不愿意承担目标公司债务的情况下，可以允许外方以高于评估价的价格收购目标公司股东的全部股权，但目标公司的股东必须概括承担目标公司的全部债务。允许对目标公司债权债务的特殊安排，并使之与股权式和资产式外资并购相结合，可以创造出更符合各方当事人利益的并购模式。

在资产收购的情况下，目标方的原债权债务由其自己承担；在股权收购中目标方的原债权债务由并购后所设企业继承。这是由两种收购方式的性质决定的。资产收购只是通过协议购买境内企业资产且运营该资产，实际上是在购买了资产后设立实体运营资产，并非直接成为境内企业的控制方。而股权并购是购买境内企业股东的股权或认购境内公司增资，从而成为控股方，以达到获取控制权的目的。当并购方成为境内企业的控股方时，自然应当承继其持有股份上的债权债务。

（四）外资并购国有企业的职工权益保护与补偿

职工权益保护与补偿是外资并购国有企业中一个举足轻重的问题，

它与作为被并方的国有企业的职工安置息息相关。从理论上看，外资并购与职工安置是互不相干的两个问题，而实践中，在中国外资并购的立法中又不得不将两者联系起来考虑。实际上，被并购国有企业的职工安置是否做好往往是国有企业并购能否成功的重要因素。同时，还出现了原国有企业的退休人员的保障问题、因工伤失去工作能力的职工处置问题等。如果职工权益保护与补偿处理不当，就会影响外商控股并购国有企业的效果。

1．外资并购国有企业的职工安置现状

从理论上讲，企业拥有用人自主权，外商控股并购国有企业后，如何处置多余人员，是企业的自主选择。然而，并购企业富余员工的处置问题关系职工的切身利益，关系被并购企业利益相关者的利益，也关系社会的稳定，职工、国有企业、政府要求妥善处理职工安置问题是正常的。在实践中，外商一般希望对国有企业原有职工有条件地接纳，剥离企业不良资产，分流企业富余人员，并由社会解决失业职工的就业问题。而国有企业和政府希望外商减少裁员、承担更多的职工安置费用。国有企业职工安置与补偿问题往往是中外双方谈判的焦点之一。

在国有企业，尤其是尚未改制的国有企业中，企业与劳动者之间的关系还不是现代民商法上的劳动雇佣关系。源于中国特殊的经济制度，中国国有企业属于国家所有，企业的职工是企业形式上的主人，国家历来对企业职工实行高就业低工资的措施，企业职工的生老病死都有国有企业一并承担。因此，在过去的计划经济时代，国企职工的劳动力折旧没有体现在工资里面，企业没有把劳动力折旧以工资的形式发给职工，而是把这些劳动力折旧投入再生产了。这种做法实际上是国家把本来应当分配给企业职工的报酬拿走，然后再通过对职工生老病死全面负责的方式逐步返还给职工。实质是国家通过分配机制向国有企业职工借钱，在职工和国家之间形成了一种特殊的债权债务关系。这种制度对于新中

国建国初期经济基础比较薄弱的情况是很有必要的，也是当时经济体制的必然产物。但经过多年的积淀，已经造成了国有企业人员固定、冗员过多，而历史上遗留的劳动就业制度、离退休制度等使得国有企业职工实现市场化就业步履维艰。

目前中国正在发展市场经济，国有企业应当成为独立自主、自负盈亏的法人实体。企业与职工应依法签订劳动合同，职工按照规定和约定为企业提供劳动，企业依照法律规定和约定向职工支付劳动报酬和其他费用，企业不对职工的生老病死负责，也可以辞退职工，但应按照法律规定和合同约定承担相应的赔偿责任。国有企业一旦被外资并购，就会与职工建立现代民商法上的雇佣关系。如果企业因并购等原因需要提前解除劳动合同，则企业应当依照法律规定和合同约定对职工进行补偿。

但此时突出的问题是：以前的国有企业要重组改制，被外国投资者并购，将不可能向过去一样对职工的生老病死负责，这些问题都要由职工自己解决，而中国的社会保障体系还处于完善之中，国有企业的职工还难以享受到充分的社会保险和保障。那么，多年来国有企业以高保障作为代替没有支付给职工的那部分报酬怎样兑现？在进行改制的外资并购国有企业中，如何解决按照过去低工资高保障的体制对待的那部分职工的补偿问题？按照老人老办法是不可能的，因为旧的经济体制已经不复存在了。如果一律采取新体制的办法，则涉及对此前低工资高福利制度下职工的工作安置和经济补偿问题，它严重困扰外资并购国有企业实行重组改制。从历史原因上分析可以看出，外资并购国有企业所产生的职工安置问题的社会负面影响可能特别巨大，这是与外资并购其他所有制企业有显著区别的。

从实践的情况看，外商控股并购国有企业后，对职工的处置通常遇到以下情况：（1）年轻、有文化、懂技术、守纪律的管理人员和熟练工人被企业留用。这部分职工被留用后虽然工作强度有所加大、工作时间相应延长，工资收入也有所提高（一般高于原有的国有企业和同行业的国有企业职工收入），但其他职工则被排挤出企业之外，另行安置。（2）外商控股并购国有企业前已经离退休的老职工，外资企业不愿意承担其保障开支，这些职工的基本生活资料来源、社会福利、医疗费用等没有着落，成为并购中的一大难题。（3）对于被排挤出企业之外职工的安置，各地采取的办法主要有：接近法定年龄的，可以提前退休，发给一定比例的工资；职工可以停薪留职，自谋职业；下岗回家的，发放一次性补偿，买断工龄；对因工伤事故失去工作能力的，由政府拨付专款支付生活费；一时难以安置的，在原厂内待岗，发基本工资，或进入人才市场，另行安排再就业，政府有关部门负责给这些人员提供再就业的岗前培训，社会保障部门提供基本的生活费用，并提供再就业的机会。

被控股并购企业职工的安置与补偿问题，被外商认为是事先估计并购成本时最不确定的问题。外商认为，并购方对被并购方的人员安置作出承诺并不是完全不合理的要求，但需要明确知道安置和补偿的具体标准。针对国内的实际情况，有必要制定"并购企业职工辞退赔偿办法"，使职工利益得到切实保障，并使谈判双方有据可依，使外商能够事先清楚对职工安置的可选择办法，明确计算每种办法的费用。

2. 英国的相关制度

对于公司被并购后员工的安置问题英美等国的就业保护法作了专门规定。英国的《就业保护法》规定，在遣散职工的时候，雇主有责任事先征求工会的意见，征求意见的最长期限取决于解雇职工的人数。如果人数在 10～99 人之间，则最迟在第一次解雇生效之前 30 天应向工会征求意见；如果涉及的人数在 100 人以上，则最长期限增加到 90 天；如果公司不遵照这一规定，工会可以向经济法庭提出申诉。若申诉得到法庭支持，则法庭将通过采取保护性裁定来保证被解雇职工的利益得到保障。公司有责任在保护期内继续向这些职工支付正常的工资。雇主在向工会征求意见时，应当向工会提供书面材料。内容包括：遣散的原因；

计划遣散的人数和这些人的介绍；打算采取的选择解雇职工的方式；打算采取的执行解雇的方式。英国在就业保护法中对有关服务年限和工作小时数与遣散费的标准作了详细的规定。一般情况下，一个人必须至少工作两年，每周工作 16 小时以上，或者工作 5 年，每周工作 8 小时以上。18 岁之前的服务年限一般不计算在内，利用完全的服务年数乘以各年为基础的周工资来计算遣散费[①]。

3．中国的相关规定

现行的劳动和社会保障立法中，对并购后职工权益保障与补偿的规定不完善，没有明确外资并购后应承担的义务和责任。外资并购国有企业后通常要面临人员的整合和调整，由此产生中方职工的权益保护问题。这个问题不仅直接影响到外资并购能否顺利进行，而且还容易引发社会不稳定。所以，成功的并购必须要有完善的劳动及社会保障制度予以保障。

（1）中国《民法通则》第四十四条第二款规定："企业法人分立、合并，它的权利和义务由变更后的法人享有和承担"。中国的企业破产法律法规和关于企业兼并的《暂行办法》等对员工的权利的保护也都有规定。近期发布的一些有关外资并购的法规也都对员工的权益保障提出了要求。如《外国投资者并购境内企业暂行规定》规定外国投资者进行并购向审批机关报送的材料里应包括被并购境内企业的职工安置计划。

（2）《利用外资改组国有企业暂行规定》就外资并购国有企业的职工安置、权益保护与补偿等问题作出了特别规定。第八条规定："改组后企业控制权转移或企业的全部或主要经营资产出售给外国投资者的，改组方和被改组方企业应当制定妥善安置职工的方案，并应当经职工代表大会审议通过。被改组方企业应当以现有资产清偿拖欠职工的工资、

---

① 参见于春晖、刘祥生：《企业并购理论、实务、案例》，立信会计出版社，第 151 页。

未退还的集资款、欠缴的社会保险费等各项费用。被改组企业与职工实行双向选择。对留用职工要依法重新签订或变更劳动合同。对解除劳动合同的职工要依法支付经济补偿金，对移交社会保险机构的职工要依法一次性缴足社会保险费，所需资金从改组前被改组企业净资产抵扣，或从国有产权持有人转让国有产权收益中优先支付。"这些规定应该说是比较明确的，但仍存在一些问题。

a. 文件强调的安置职工的义务在中方企业或国有产权持有人，对外国投资者的应承担的义务没有作出具体要求。这可能是考虑到外国投资者的反应。但是按发达国家的做法，并购后的企业应当承担原企业的一定比例职工的安置与补偿。而对于外国投资者来说，也并非认为对被并购企业的职工安置作出承诺是不合理的要求，只不过是需要明确知道安置的要求，从而计算安置费用，使谈判有法可依。

b. 关于解除合同的经济补偿问题。如果经济补偿所需资金从改组前被改组企业的净资产中抵扣或从国有产权持有人转让国有资产的收益中支付，那么，对原效益不好的企业，被改组企业或地方政府就可能会尽量压低付给职工的经济补偿，很难保障职工的权益。而对于效益好的企业，由于国有企业特殊的体制，职工多年的贡献已物化为企业的物质财富，包括品牌、商誉等无形资产，这些用一次性的经济补偿金，很难给予补偿，更何况其中还包括了因工龄而产生的劳动保险方面的权利。

c. 近几年来，中国的社会保险制度正处于改革阶段，养老、医疗、失业、工伤、生育等社会保险虽有一些条例规定，但由于各地区经济条件有差别，标准不一样，全国还没有一部统一的《社会保险法》。今后，随着社会保障制度方面的改革步伐加快，原有的缴费标准和保障水平都会提高。现在规定对移交给社会保险机构的职工要依法一次性缴足社会保险费，是很难做到的。今后若要改革，需要提高缴费标准，由谁来承担又成问题。

d. 目前现有的法规，对改组（并购）后仍留在企业中的职工的权益保护不足。并购完成后，企业人员的调整和整合对于企业来说，是正常的，也是企业的自主选择。由于中国法律法规规定，解除劳动合同的经济补偿最高不超过 12 个月的工资，外商投资企业通常按中国的规定办理。但对在同一企业中工作的外籍员工，支付标准远高于中方员工，造成在同一企业中工作的职工因国籍身份不同而有所区别。

（3）上海在 2002 年颁布的《上海市关于外资并购本市国有企业的若干意见》第十九条规定，凡外资并购本市国有企业并安置其职工的，可以从交易价格中抵扣安置富余职工补偿费。具体抵扣标准，按照国家和本市的有关规定执行。外资并购本市国有企业的过程中与原被并购企业职工解除劳动关系终止合同、协商解除合同、劳动者随时解除合同、企业裁员及非过失性解除合同等所需支付的经济补偿，按照本市有关规定执行。《意见》中关于抵扣安置职工补偿费的规定实际上可以理解为政府让利，这对于解决外资与政府的分歧有一定的积极意义，对促进外资并购具有积极作用。

4．建议

外资并购国有企业的职工权益保护与补偿是一个政策性的、系统性的问题，需要各有关部门制定相应的配套规则才能有效的解决。在外资并购的相关立法中应当多方面兼顾，一方面外资并购的主要任务是鼓励和促进外资并购，尽量为外资并购创造宽松的法律和政策环境；另一方面，还要兼顾国有企业的职工就业安置问题，维护社会稳定。建议如下：

（1）采取灵活政策，允许并购双方通过合同约定解决职工权益保护与补偿问题

虽然外方在法律上不负有安置职工的强制性义务，但基于保护职工利益、维护社会稳定的考虑，应当允许国有企业尽可能通过与外方的谈判，妥善解决职工权益保护与补偿问题。比如，可以约定外方出资多少

用以安置国有企业职工，但同时在其进入当地市场和并购标的价格方面给予适当优惠。这种做法是外方顺利并购国有企业的现实考虑。

（2）通过立法，赋予工会、职工代表大会、职工代表并购参与权和知情权

职工通过参与和知情外资并购的交易过程，可以尽力争取并购重组后各方对职工承担的责任义务，维护职工的合法利益。但职工的参与权和知情权并不是外资并购的决定权，职工并不能实质性地阻碍外资并购的过程，而只是通过参与知情维护自己的合法权益不受损害，并且可以及时向有关部门反映外资并购各方损害职工利益的非法交易。

（3）必须尽快出台和完善劳动和社会保障方面的法律

在中国的社会保险立法没出台之前，应当进一步加强劳动保护立法，解决日益严重的中方职工的工作环境恶劣、报酬偏低以及与外籍员工待遇不平等等问题，使维护职工合法权益有充分具体的依据。

第八章　外资并购的国际规制

随着经济全球化的不断加强，世界范围内并购现象的进一步扩展，有关的国际规制问题已越来越受到并购发生国和有关国际组织的关注。全球市场的形成将外资并购的相关制度放到了国际层面上。

一、外资并购国际规制的必要性

（一）外资并购迅速发展是国际规制的前提

1．在世界经济一体化趋势下，资本、技术、劳动力跨国流动渐趋频繁，正在改变着传统的竞争方式与手段，跨国并购作为经济聚合最有效的外部扩张方式，迎合了世界经济一体化的需求。

2．技术进步，特别是信息技术的进步，对于近几年全球企业大并购浪潮的出现，也起了相当重要的作用。它使企业的竞争不仅取决于已有的市场占有率，而是在更大程度上取决于企业的创造力。企业凭借先进的科技，不断开展跨国并购，便可以迅速壮大起来。

3．各国宏观上放松了法律上对外资并购的规制。20 世纪 80 年代以来，市场国际化的发展使竞争的背景和范围更广阔，为了能在资金、技术和规模上适应国际竞争形势的需要，一些企业希望通过跨国并购提高国际竞争力。在这种形势下，各国都修改了严格的反托拉斯法，为企业的并购提供了法律上的可行性。因为严格的反托拉斯法和禁止企业并购的政策显然不能顺应企业进入国际市场的需要。各国都认识到当竞争在国际层面展开时，一国立法的宗旨应是本国利益最大化。因此各国先后修改了反托拉斯法，以逐步减少限制，为外资并购提供法律支持。

（二）对外资并购国际规制的动因

因为有跨国因素而使外资并购不同于国内并购，企业在追求利益最大化而进行并购时必然会引发国家间的各种冲突，所以才需要国际规制的解决。

1．政治、经济、文化的差异与冲突

外资并购必然涉及东道国和母国不同的政治、经济、文化差异和冲突。如果不能很好地协调这种差异和冲突，则不利于并购的顺利实行。

2．法律障碍与冲突

国际资本的流动，以有利的投资环境为前提，其中，法律环境是投资环境中最具决定性和影响力的因素。是并购方进入一国，在一定的行业领域进行经营，以及受到保护与鼓励等有利条件的根本保证。由于各国在外国投资的行业范围、外国投资者的权利和义务、风险的保障等方面的规定的不一致，甚至互相冲突，加大了外资并购的难度与并购风险的不确定性。

3．垄断与投机加剧

外资并购可能导致的一个不良后果是国际性的生产与销售的集中与垄断。这种集中与垄断产生于竞争，反过来又会影响竞争，从而操纵国际市场价格，使广大消费者受损，使目标企业所在国的经济受到损害。外资并购也可能产生投机趋势，利用国际金融市场及商品市场行情发生

逆转的时机，大量买进卖出股票，从而赚取利差。

鉴于外资并购迅速发展的形势，以及并购中存在的障碍，各国政府越来越重视加强谈判与协商，制定并协调外资并购的相关法律制度。以顺应经济国际化、企业并购跨国化的发展趋势，促进世界经济的发展。

随着跨国公司在全球范围内并购活动的加剧，人们逐渐认识到外资并购由于常常涉及数个国家的法律，而这些国家的法律又往往因历史传统、经济制度以及法律传统等诸多因素的影响而各不相同，仅凭单个国家还难以对其进行有效地监管，而且各国的法律规定的不一致以及国家或区域性国家组织管辖权域外适用的任意扩大，也常常造成对外资并购监管上的混乱。因此，对跨国公司的并购活动实施国际规制是很有必要的。

二、对外资并购进行国际规制的基本原则

对公司并购进行法律规制是一国国内法管辖的范围，是一国主权范围内的事情。国家根据主权原则与国家内政行为不受干预的原则对公司并购活动进行规制不受他国或组织的干涉。然而，具体到外资并购活动而言，由于其涉及数个国家不同的法律、法规，仅仅依靠国内法或区域性组织制订的法律并不能完成监管之责，因此，在国家间、区域间或者国家、区域二者之间协调管辖冲突、保证有效监管很有必要。在实践中，对外资并购进行国际规制以避免规制冲突的基本原则主要有国民待遇原则、内国法域外效力的礼让适用原则以及积极礼让原则。

国民待遇原则是指一国给予其境内的外国国民的待遇不低于或等同于其本国国民所享受的权利、待遇。

内国法域外效力的礼让原则是指一个主权国家在决定是否对涉及他国亦具有管辖权的外资并购的案件进行追究时，慎重考虑到他国的因素，通过国际礼让方式有效地解决问题，以避免发生制度摩擦的一种行

为原则。

而积极礼让原则是指在解决因内国法域外适用而导致的冲突之前，以一种不同于传统礼让的方式，即采用积极协助的方式来为解决冲突提供一种主动合作型的框架。积极礼让原则着眼于国与国之间的积极协助，而不仅仅是立足于减少冲突的副作用。

总之，国民待遇原则、内国法域外效力的礼让适用原则以及积极礼让原则等三原则为有关外资并购的国际规制提供了基本的效力根据，也为世界范围内协调、规制跨国并购提供了理论上的支持。

三、对外资并购进行国际规制的法律依据

目前，对外资并购进行国际规制的法律依据主要是国家间或者区域间以及国家、区域两者之间制定的一系列双边或多边国际协议和协定。由于外资并购本身是一项非常复杂的商业行为，对其进行国际规制也涉及到多层次、多方面的问题。由外资并购活动的性质所决定，对其进行国际规制的最重要内容体现在国际跨国并购审查、反垄断规制、国际投资政策规制和对跨国上市公司收购的国际规制等方面。如1967 年经济合作和发展组织（OECD）提出的"成员国间就影响国际贸易的限制性商业行为进行合作的推荐意见"、1980 年联合国通过的《一套规制限制竞争性商业实践的多边协议的公平原则和规则》，以及美国与德国、澳大利亚与美国、美国与加拿大、德国与法国、美国与欧盟之间缔结的关于限制性商业行为的双边合作协定和反垄断法实施相互合作的行政协定等法律文件。而在超越国家层次的并购规制方面，欧盟作出了独特的贡献。

（一）区域性国家组织——欧盟的并购审查制度

区域性国家组织对外资并购进行法律规制在一定条件下甚至有可能

比各国国内的相关法律规制更有效。因为在区域内对跨国并购实行共同的法律规制有助于维护公平的市场经济环境，抑制垄断；有助于协调区域组织成员国法律法规之间的冲突；有助于区域内部的企业提高竞争水平，共同有效应对区域外竞争企业的挑战。欧盟作为区域性国家组织的代表，已经制定了相对完备的跨国并购审查制度，对于其他区域有很强的借鉴意义。以下重点进行介绍。

1. 区域性国家组织对跨国并购的法律规制的效力根据

在国际法理论中，区域性国家组织是国家组成的国际组织中的一种特殊形式，它是指在一定区域范围内，因共同利益或政策而结合起来的国家集团。区域性国家组织属于封闭性国际组织，其成员一般具有地理上的相邻性、文化和历史等背景的同质性以及社会、政治、经济等涉及到国家重大事务方面的关联性和相互依赖性的特点。基于这些特点，各成员有着共同关心的利益和议题，并且能够围绕这些利益和议题让渡部分国家权利，签订条约和协定，并共同遵守。区域性国家组织的法律人格不是其本身固有的，而是依据组织的基本文件及其制定者的意志而产生。区域性国家组织的法律地位也表现在许多方面，最重要的是该组织在某些领域里有立法权、司法权以及管理权。正是成员国将规制跨国并购的立法权、司法权以及管理权让渡给该组织时所签订的条约和协定构成了区域性国家组织对跨国并购进行规制的效力根据。

以欧盟为代表的区域性法律统一化运动已经取得很大的进展。欧盟法律在适用的效力上高于其成员国的国内法，它可以推翻与其相抵触的国内法。在立法与决策上，欧盟的立法与决策具有自主性，立法机构包括理事会，欧洲议会和执委会。另外欧盟的立法与决策的程序也较严密，部长理事会只有在执委会动议的基础上，经与欧洲议会协商，才能作出决定，欧盟的决定，大都冠以法的名称。在司法方面，欧盟的司法制度，在目前的国际法律协调体制中，也是独一无二的。首先，欧洲法院分为初审法院与欧洲法院两级；其次，判例体现欧洲法律最高效力；再次，欧洲法院具有强制性的管辖权。

从欧盟跨国并购统一立法看，国际法律协调首先需要国家之间的共同磋商，彼此让渡部分国家主权，运用各国共同制定与接受的法律来协调各国的经济政策，缓解相互之间的矛盾与冲突。其次，国际法律协调也有利于规范跨国并购的企业行为，加强各国执法、司法及民间仲裁机构的相互配合，抑制非法竞争，从而维护企业跨国并购的有序性。

2. 欧盟跨国并购审查的主要法律制度

欧盟的跨国并购审查制度是区域性国家组织对跨国并购的法律规制的典型代表。欧盟对跨国并购实施审查的主要法律依据是 1958 年《罗马条约》第 85、86 条，1978 年《关于股份有限公司合并的第三号公司法指令》，1989 年《合并控制条例》 [Council Regulation 4064/89 on the Control of Concentrations between Undertakings（the Mergers Regulations)] 以及 1994 年、1997 年对该条例的修正案 [Commission Regulation（EC）No 3384/94 on the Notifications，Time Limits and Hearings Provided for in Council Regulation（EEC）No1310/97 June 1997 Amending Regulation（EEC）No 4064/89 on the Control of Concentrations Between Undertakings] 等等。

（1）1958 年《罗马条约》第 85、86 条的规定①

《罗马条约》第 85 条第 1 款规定："凡企业间的协议、企业集团的决议以及行为的相互协调（以下简称卡特尔）是以阻碍、限制或者妨害竞争为目的，或者实际上能够起到这种作用，从而损害成员国间贸易活动，则得予禁止。"该条约第 86 条规定："禁止一个或者几个企业在共

---

① 阿姆斯特丹条约生效后，现行欧共体条约第 81 条和第 82 条内容是本文所提的第 85 条和第 86 条。

同体市场或者其它重大领域通过滥用市场支配地位限制或者妨碍成员国间的贸易活动。"这两条内容主要是对卡特尔行为和滥用市场支配地位进行约束，并没有直接对企业并购提出详细规定。虽然欧共体委员会在1973 年大陆罐头一案中首次适用第 86 条禁止滥用市场优势地位的规定禁止企业的合并，但该条款并不能被视为是控制企业并购的基本规定，因为该条款只能适用于那些已经取得市场支配地位，并在并购过程中继续加强了该地位的案例，但对于那些可能会产生市场支配地位的案例则不能干预。总之，第 85 条与第 86 条都是采取事后控制的方法，在规制企业并购方面存在明显缺陷。

(2) 1978 年《关于股份有限公司合并的第三号公司法指令》

由于欧盟各成员国的公司并购制度千差万别，严重阻碍了欧盟统一的企业并购市场的形成，因此，为了消除这些隐性的规则壁垒，欧共体理事会于 1978 年 10 月发布了《关于股份有限公司合并的第三号公司法指令》（以下简称《指令》）。指令首先对合并方式作了解释。公司合并的方式包括吸收合并和新设合并。"吸收合并"，是指一家或一家以上的被合并公司未经清算而解散，并将其全部资产和负债转让给另一家存续公司的法律行为。其中，被合并公司股东所持的股份转换为对存续公司的股份，如果存续公司向被合并公司的股东支付现金，支付金额不得超过股份发行面值的 10%；如果股份是无面值股份，支付金额不得超过记账面值的 10%。而"新设合并"，是指数家公司未经清算而解散，并将其全部资产和负债转让给一家新设公司的法律行为。其中，被合并公司股东所持的股份转换为对新设公司所持的股份。如果新设公司向合并各方的股东支付现金，支付金额不得超过股份发行面值的 10%；如果股份是无面值股份，支付金额不得超过记账面值的 l0%。吸收合并和新设合并的程序大致相同①。

---

① 王子林、张昌彩等：《企业并购》，经济科学出版社 2000 年版，第 300 页。

《指令》对公司合并的法律程序也作了详细的规定。由于吸收合并与新设合并的程序大致相同，在这里只着重介绍吸收合并的程序。吸收合并的主要程序为：（1）起草合并协议草案。《指令》规定，参与合并各方的经营管理机关应当以书面形式起草合并协议草案。（2）公告协议草案。该《指令》要求，合并各方应当在召开股东大会会议、讨论合并协议草案之日前一个月，按照各成员国法律基于 1611/151/EEC 指令）第 3 条所规定的方式，公告该草案。（3）由股东大会批准。该指令认为成员国可以依据本国具体情况作不同的规定，如成员国可以规定，股东大会作出合并决议，必须经具有表决权的股份总数或者公司认购股本的 2/3 以上通过；或者规定，当出席股东大会的股东代表公司认购股本的半数以上时，可以仅经半数的表决数同意。（4）合并协议草案诸条款的说明。合并各方公司的经营管理机关应当制作详细的书面报告，对合并协议草案进行解释，说明草案各条款。（5）专家报告。该《指令》要求应当由司法机关或行政机关指定或批准 1 名或 1 名以上的专家审查草案，并向股东提交书面报告。（6）公司合并的公告。公司合并必须由合并各方按照各成员国根据(68/151/EEC 指令) 第 3 条所规定的方式予以公告。此外，《指令》还对公司合并过程中股东知情权的保护、债务人的保护、公司合并的法律效果、公司合并过程中不正当行为的法律责任以及公司合并的无效规则等等作了较为系统的规定。

（3）1989 年《合并控制条例》及其修正案

随着欧洲内部大市场的建立，欧共体急需制定一部统一的法规，以控制那些对欧共体市场有影响的跨国并购。这一方面可以消除在适用成员国法律时产生的各种法律冲突，另一方面也可以在共同体市场上预防垄断。在此背景下，1989 年欧共体企业《合并控制条例》正式出台。《合并控制条例》的出台为维护欧共体正常的市场秩序，保护自由竞争起到了积极的作用。虽然经过了 1994 年和 1997 年两次修改，但是它现在依然是欧共体委员会在维护市场竞争秩序中最常使用的法律武器，并且在欧共体市场以及整个国际市场的影响越来越大。

1989 年《合并控制条例》。

1989 年《合并控制条例》首先对其适用范围作了明确的规定。根据条例第 1 条第 1 款，该条例仅适用于在共同体范围内具有影响的企业合并。这里的"企业"是指开展经营活动的所有实体，而不管它们的法律形式和取得资金的方式。这里的"合并"不仅包括普通意义的合并，还包括一个企业通过购买股份或资产而取得一个或一个以上其他企业全部或部分控制权的合并。

在该条款中出现的"在共同体范围内具有影响的合并"，是指合并对欧共体或对欧共体的某个重大部分具有影响。根据第 1 条第 2 款的规定，这种合并得符合以下条件：a. 参与合并的企业在世界范围内的销售额达到 50 亿欧元；b. 参与合并的企业中至少有两个企业在共同体的销售额达到 2.5 亿欧元；c. 参与合并的各个企业在共同体市场销售额的 2/3 以上不是来自同一个成员国。

《合并控制条例》并没有对企业合并的概念明确解释，只是在第 3 条指出了企业合并的三种途径。

a. 组织合并。即相互独立的两个或者两个以上的企业实行合并。这种合并既可以是吸收合并，也可以是新设合并。需要特别注意的是，条例所指的合并要求参与合并的企业在合并前必须在法律上和经济上相互独立。

b. 取得支配权。即一个或者几个企业通过取得另一个企业的股权、财产或者通过合同以及其他方式取得对另一个企业直接或者间接的支配权，这种支配权一般是指对另一个企业的全部控制，但有时也表现为部分控制。

c. 建立合营企业。建立合营企业，也会涉及到取得企业的支配权问题。在欧共体内，几乎有一半的合并是通过建立合营企业实现的，所以在企业合并控制方面，合营企业具有重要的实践意义。根据条例第 3 条第 2 款，一种行为包括建立合营企业，如果其目的是协调相互独立的企业间的竞争，或者能够协调相互独立的企业间的竞争，或者能更多起到相互协调的作用，这种行为不属于第 1 款 b 项意义上的合并，这种合营企业的建立应适用欧共体条约第 85 条。如果建立的合营企业能够长期作为独立的经济实体进行活动，而且由此在母公司之间以及母公司与合营企业之间也不存在相互协调的关系，这种建立合营企业就可被视为企业合并，适用条例的规定。

条例还从程序方面和实体方面对控制合并作了详细的阐述。在程序方面，欧共体法在很大程度上借鉴了德国反限制竞争法的有关规定。在控制合并的实体方面，条例从竞争政策出发，以维护竞争性的市场结构为导向，从界定与合并企业产品相关的市场和合并后企业的市场地位两个层次对合并是否与共同体相协调进行审查。

1997 年修正案。

1997 年修正案全称为《关于修改 1989 年第 4064 号条例的第 1310 号条例》，其主要涉及两个方面的内容：

a. 关于建立合营企业。根据修订后的企业合并控制条例第 2 条第 4 款，一个合营企业只要满足以下三个条件，就可以被视为企业合并：第一，两个或者两个以上的母公司共同控制一个合营企业；第二，合营企业是作为独立的经济实体从事经营活动；第三，合营企业的建立是长期性的。由此，欧共体企业合并控制条例就扩大了对建立合营企业的管辖权。这即是说，过去那些不属于条例管辖的协调性合营企业的建立，现在也得根据企业合并控制条例的程序进行审查。

b. 关于"具有共同体影响的合并"的新标准。修订后的欧共体企业合并控制条例第 1 条第 2 款规定符合下列条件即视为一个具有共同体影响的合并：第一，参与合并的企业在全球的共同销售额超过 25 亿欧元；第二，参与合并的企业至少在欧共体三个成员国内的共同销售额超过 1亿欧元；第三，参与合并的企业中至少有两个企业在欧共体内上述三个成员国的市场销售额超过 2500 万欧元；第四，参与合并的企业中至少有两个企业各自在欧共体市场的销售额超过 1 亿欧元。此外，参与合并的企业各自在共同体市场销售额的 2/3 以上不是来自同一个成员国。可见，新的标准将进入审查的并购当事者营业额门槛降低了一半。

1997 年修正案在完善 1989 年《合并控制条例》方面有着积极的作用。它不但扩大了委员会的管辖权限，而且在涉及多国合并方面，确立了"一站审查"的程序制度（one-stop-shop），这有利于减少参与合并企业因申请多国批准而引起的费用的增加，有利于减少因申请多国批准而带来的法律不确定性，有利于欧盟企业和市场的快速、健康发展。

3．欧盟并购审查的执行机构和审查程序

（1）执行机构

根据欧盟并购法律，由欧盟委员会具体负责对并购案件的审查，并作出是否允许并购进行的决定。与此同时，根据并购法律的规定，成立并购案件审查咨询团。欧盟委员会作出并购审查决议前，应听取咨询团的意见。咨询团由每个成员国竞争当局派出的 1 ～ 2 名人员组成。咨询团会议由欧盟委员会主持召开。欧盟委员会必须在召开咨询团会议 14 天前将邀请信发至各咨询团成员，同时应附有并购案件的简要介绍、主要信息和欧盟委员会的决议草案。咨询团成员将对决议草案发表意见，如果意见不一，可以进行表决。

根据罗马条约第 172 条的规定，欧洲法院在欧盟范围内有司法管辖权。如果并购案件当事者对欧盟委员会所作出的决议不服，可以向欧洲法院提起诉讼，欧洲法院有权审查欧盟委员会对并购案件所作出的决议，并可撤销、改变欧盟委员会所作出的决议。

（2）审查程序

在欧盟范围内的并购交易达到并购法律规定的审查门槛的，必须在并购协议完成后，或公开招标完成后，或收购控制性股份完成后的一个

星期之内向欧盟委员会申报。

预审程序。

委员会收到申报的并购案后进行预审，看是否属于欧盟并购法律范围内的案件，然后将并购申报公之于众，主要涉及并购当事者的名称、并购性质以及并购所涉及的产业。同时，委员会也将在商业秘密方面保护当事者的合法权益。

委员会收到并购申报后，即审查：(1) 该并购申报是否属于欧盟并购法律审查的范围，如不属于欧盟审查范围，则以决议方式明示；(2) 并购申报虽然属于欧盟并购法律范围，但这类并购明显不会对共同市场的有效竞争构成威胁，则以决议方式公布其与共同市场利益相一致；但有时也会附加一些限制条件；(3) 如果发现申报的并购交易不符合共同市场利益并可能引起反竞争问题，则决定进入第一阶段调查。

如果申报的并购交易经当事者自行调整，委员会发现不再对共同市场利益构成威胁，可以决议该并购交易符合共同市场利益，但可以对当事者附加条件和义务，以保证该并购交易完成后不对共同市场利益构成威胁。

欧盟委员会的调查权。

为了履行并购法律所赋予的职责，欧盟委员会有权从成员国政府及其有关执行机构、与该并购案有关的个人、企业和企业协会那里获得所有必需的信息。当向有关个人、企业、企业协会征求有关信息时，应同时拷贝一份送这些个人、企业、企业协会所在国的有关执行机构。在征求通知上，应阐明征求信息的法律依据、征求的目的以及故意提供不准确信息可能受到的惩罚。竞争执行当局的调查官员根据委员会的授权，具有如下调查权力：

a. 检查并购当事者的财务报表、档案和其他业务记录；

b. 对财务报表和业务记录进行摘抄或复印；

c. 要求并购当事者对有关财务报表和业务记录进行口头解释；

d. 有权进入被并购企业的区域范围内从事调查。

根据委员会授权从事调查的官员将持有书面的履行调查证明，证明上写明调查的对象范围、调查目的以及提供不正确或虚假信息应承担的法律责任。在调查进行之前，委员会会以书面方式通知被调查企业所在国政府有关当局，告知调查的目的和调查官员的身份。

被调查企业所在国竞争执行当局的官员可以根据委员会的要求，帮助委员会的调查官员履行调查职责。如果被调查企业或企业协会不配合委员会官员进行调查，所在国当局应为委员会调查官员提供必要的帮助来履行调查职责。

欧盟委员会的处罚权。

委员会将对下列故意或过失违反并购法律的个人或企业处以1000～5000 欧元的罚金：没有按照并购法律的规定向委员会递交并购交易的通知；向委员会递交的申报材料中含有不正确或误导的信息；在调查过程中向委员会调查官员提供不正确信息或在规定的期限内没有按调查官员的要求提供有关信息；在调查过程中以不正确的方式制作调查所需要的财务和业务信息或拒绝提供调查官员所要求其提供的信息。

委员会将对下列故意或过失违反并购法律的行为处以并购交易总额10%以下的罚金：没有根据欧共体委员会作出有条件并购决议履行相应的附条件义务；违反并购法律的规定实施并购；无视委员会关于并购与共同市场利益不相适应的决议而实施并购。

有关当事者和第三者的听证会。

委员会在审查并购程序中，应给予并购当事者机会对委员会拟作出的决议发表不同意见。对于委员会有关暂时停止并购交易或有条件实施并购的决议，允许委员会在作出该决议后给予当事者发表意见的机会。

4. 区域性国家组织的跨国并购立法与其成员国立法之间的关系

区域性国家组织对跨国公司并购的立法与其成员国对跨国公司并购

立法两者之间是平行的关系。区域性国家组织的立法主要调整成员国让渡给该组织的一部分跨国并购和一部分对区域有重大影响的国内并购，而成员国的并购立法主要调整区域性国家组织调整范围之外的跨国并购。

　　以欧共体企业《合并控制条例》为例。根据条例的规定，对共同体具有影响的合并规则得由共同体委员会行使专属管辖权，成员国不得禁止经委员会批准的合并，也不得批准遭到委员会禁止了的合并，而那些对共同体不具有影响的合并，原则上得由成员国并购法律审查。然而，应该注意到的问题是，由于跨国并购是个非常复杂的问题，有些并购很难分清对区域性国家组织造成的影响，这就有必要在区域性国家组织的立法中作一些灵活的规定。诸如，成员国基于维护国家安全以及正当权益的考虑，有权利禁止被区域性国家组织批准的合并或者对其批准提出限制性条件，等等。此外，在区域性国家组织的立法中没有规定的有关外资准入等投资性法律、法规，应该由各成员国具体制定，并且接受区域性国家组织反不正当竞争法的监督。欧共体并购法律对欧共体委员会并购审查机构与成员国并购审查机构的关系作了许多规定，归纳起来主要有：

　　（1）对并购审查范围作了明确的划分，即符合欧共体并购法律审查门槛的并购案件由欧共体并购审查机构管辖，低于欧共体并购法律审查门槛的并购案件由各成员国并购审查机构管辖。

　　（2）成立欧共体并购审查咨询团，咨询团成员由各成员国并购审查机构派员组成。欧共体委员会并购审查机构在对并购审查作出决议之前，要征询咨询团的意见。

　　（3）欧共体委员会应在整个审查程序中与成员国竞争当局保持紧密的联系，并听取成员国竞争当局对该并购案件的意见。

5. 区域性国家组织规制跨国公司并购立法的发展趋势

随着世界经济一体化向纵深发展，与各国对跨国公司并购的法律规制相协调，区域性国家组织对跨国公司并购的法律规制有逐渐放松的趋势。区域性国家组织比以往更加关注本区域内企业经济实力，特别是跨国公司实力的提高。

区域性国家组织近年来为了维护和发展有效竞争，对包括来自区域内部和外部的一些大型跨国公司巨额并购实施了卓有成效地控制。然而，从整体上看，区域性国家组织对区域内部市场上的跨国公司并购浪潮还是持欢迎态度的。这主要是由于并购毕竟是企业竞争的结果，它有利于提高区域经济发展水平，提高区域经济的竞争力，改善其经济发展条件，提高区域内人民生活水平。因此，只要并购不损害市场机制，区域性国家组织一般对之不加干预。

在对待跨国公司并购的两面性问题上，区域性国家组织的反垄断立法和司法机关也自觉不自觉地把注意力倾注于"成本—效益"的比较上，对并购活动进行经济分析。除一些违反市场公平竞争规则的并购外，大多数的跨国并购仍被看做是生机勃勃的可以改善区域性国家组织内部市场结构的过程。此外，在控制跨国并购时，区域性国家组织也不再孤立地审查跨国并购对区域竞争秩序的影响，而是要对并购对国际竞争的积极影响和对区域竞争的消极影响进行利益权衡，对本区域内跨国公司参与的以提高国际竞争力为主要目的的并购大都采取宽容态度。

（二）外资并购的国际反垄断规制

1. 双边反垄断协议

在对外资并购活动进行国际监管问题上，国家间反垄断机构在规制方面的合作是比较成熟的。以美国为例，美国已与 30 多个国家签订了共同法律协助条约，其合作形式主要为：第一，签订双边司法互助条约（bilateral mutual legal assistance treaty，BLAT），该条约的缔约方承诺在广泛的刑事领域互相协助，反托拉斯犯罪通常包括在其中。第二，根据美国于 1994 年通过的国际反托拉斯执行协助法案（The International Antitrust Enforcement Assistance Act)，美国司法部和联邦贸易委员会（FTC）与外国反垄断机构间签订了许多双边协定，而这些协定的内容主要集中在反垄断领域。在互惠和严格的保密条件下，协定双方代为收集和互换用于民事或刑事调查信息。第三，"积极礼让"（positive comity）协议。根据这类协议，一国的反垄断机构首先对给全国造成不利影响的反竞争行为作出"初步评估"（preliminary assessment），再将评估和案件材料送交另一国主管机构，在经过互相协商并在该外国机构作出裁决之后，最终决定是否同意外国机构的裁决或另行作出决定。

（1）美国与欧盟的反垄断合作协议

在美国与他国签署的众多双边合作协议中，美国与欧盟之间的反垄断合作协议是最为引人注目的。

协议第一条即规定，协议的目的是通过建立双方反垄断机构的合作制度，减少双方在管辖权方面的冲突。协议的适用范围除了企业并购控制，还包括其他限制竞争行为。此外，该协议还就双方合作的方式，包括通告、反垄断程序的合作与协商、积极礼让和减少反垄断程序的冲突等等问题作了极为细致的说明。

协议主要内容。

a.当一方反垄断执法机构审核并购案时，如果该并购案将涉及到另一方的重大利益时，有义务向另一方反垄断执法机构进行通报，并就竞争法律的执行交换意见。

b.双方反垄断执法机构在采取行动方面进行合作和协调。

c.按照传统的礼让程序，一方反垄断执法机构在执行本辖区内竞争法律并采取措施时，应充分考虑另一方的重大利益。

d.按照积极的礼让程序，一方反垄断执法机构在执行本辖区内竞争法律并采取措施时，如果会影响到另一方的重大利益时，可以邀请另一方反垄断执法机构，依据另一方法律，对反竞争的行为采取恰当的措施。

其他合作领域。

　　双方除了就涉及对方利益的跨国并购案件进行通报外，还就下列领域进行合作：

　　a. 时机的把握。即每一方在实施本区域范围内的反垄断法律时，如果准备对有关并购行为采取措施，应考虑时机的把握，以避免给对方反垄断执法造成被动；对有些影响到双方市场的并购案件，尽可能通过协调在相同的时间内采取措施。

　　b. 评估跨国并购交易对对方的影响。鉴于有些跨国并购案件对双方的产品市场、地域市场以及反竞争效应具有不同的影响，双方经常通过信息的交流和各自观点的交换，使对方在采取措施时，既考虑跨国并购对本区域的影响，也考虑到对另一方市场的影响。

　　c. 补救措施的协调。当一方对跨国并购案件拟采取的补救措施与另一方的观点可能发生冲突时，通常在起草有关决议时就采取共同协商的办法，以避免强烈的执法冲突。

　　美国与欧盟的反垄断合作协议的特点。

　　本协议与其他类似双边协议的最大不同之处就在于它除了具有类似其他双边协议中将相互通告和协商作为合作和避免冲突的重要措施外，在以下三个方面还有超出一般意义上的合作：

　　a. 双方均有权审理的案件，必要时可联合审理。

　　b. 一方可要求他方制裁损害了本国出口商利益，同时也违反对方竞争法和损害对方国家消费者利益的限制竞争行为。

　　c. 适用法律时，一方采取的手段和措施须考虑另一方的利益[1]。

　　由于协议在处理美国与欧盟之间协调跨国并购方面的积极作用，为适应国际经济环境变化的需要，1998 年美国和欧盟在此协议的基础上，又签订了"1998 年欧共体与美国积极协作协议"（1998EC/US Positive Comity Agreement）。1998 年协议的订立是双边合作规制的又一个重大

---

[1]　王晓晔：《竞争法研究》，中国法制出版社 1999 年版，第 444 页。

进展，它表明欧盟和美国双方决心在某些场合下进行反垄断法实施上的合作，而非仅仅寻求各自反垄断法的域外效力。

双边协议，特别是美国与欧盟之间的双边协议，在协调跨国并购国际规制方面的确起到了积极的作用，然而，应该注意到，仅以国家间双边协议的方式解决跨国公司并购活动产生的问题，还存在着很大的局限性。由于两国之间法律的冲突，协调并不是一件很容易的事情。2001年7月3日，欧盟执行委员会投票反对通用电气以410亿美元收购汉尼威尔公司的并购，即欧盟首次对已经获得美国方面同意的两家美国公司之间的并购案说"不"，就已经说明了这一问题。协调双边规制冲突，解决国家间法律的冲突依然任重而道远。

（2）双边反垄断协议的特点

纵观双边反垄断协议，尽管他们是在不同时期和不同国家之间缔结的，但他们至少有以下一些共同的特点：

a. 均约定了给对方当事国为保护本国利益而采取相应手段的机会，在对相应的案件适用法律将会影响到对方当事国的场合，应于事前向对方当事国做出通报，并就有关事宜进行协商；

b. 为了排除在"域外适用"问题上的对立，均约定了相互间不得采取限制对方管辖权的策略；

c. 国家间规制当局的协作，虽然是以相互交换情报为基础的，但是不应当把基于国内法负有保密义务的企业相关情报包括其中。当然这些双边协议所能起到的作用，也只能是为了不使当事国之间在适用本国反垄断法时产生对立和冲突，或进一步扩大这种对立冲突，而建立一个进行联络、协调与合作的机制而已。

2. 多边反垄断规则

随着国际经济一体化进程的加快，对跨国并购进行多边协调的趋势日趋明显。多边协调一方面有助于克服双边合作中出现的问题，另一方面又能够促进国际经济贸易合作发展。北美自由贸易区、亚太经合组织和美洲自由贸易区已经开展了反垄断合作。

欧盟的反垄断规则已在前文专章介绍，这里主要讨论世贸组织、经合组织和联合国的多边反垄断规则。

（1）世贸组织

世界贸易组织作为当今最为广泛的国际贸易组织有着相当大的影响力，其在组织内部已经在相当程度上实现了贸易的自由化。然而，由于国际贸易与国际竞争之间存在着极为密切的关系，贸易自由化和竞争政策的基本目标是一致的，即都是为了增加消费者福利和提高经济效率，因此随着贸易自由化、经济全球化以及国家之间贸易障碍的减少，国际市场上急需制订一部统一的竞争规则，以便有效地对跨国公司并购进行规制，以保障政府间为降低关税和消除非关税壁垒而取得的谈判成果不会被国际贸易中的垄断和限制竞争行为所抵消。实践中，成员国之间已经开始就竞争政策等问题进行谈判，并就谈判达成世贸组织下的有关协议与贸易有关的竞争政策协议达成了共识。

《国际反垄断法典草案》。

1993 年 7 月，以德国和美国反垄断法专家为首组成的国际反垄断法典工作小组向当今世界贸易组织（WTO）的前身关贸总协定（OATr）提交了一个《国际反垄断法典草案》，希望它能够通过且成为世界贸易组织框架下的一个多边贸易协定。

该草案涉及应当达成国际共识的规制反竞争行为的实体规定、对违法行为采取的相应措施的规定、以及对同时违反了两个以上成员国的实体规定的行为实施规制的相应程序的规定等项内容。在草案中，包括了企业并购控制的问题。草案对于"企业并购"的定义，采用了与欧盟企业并购控制制度类似的方法，而且控制的对象范围则限定为具有了"国际规模"的企业并购。衡量某一企业并购是否达到"国际规模"的尺度，看其是否至少对两个成员国的市场产生了影响；在量的方面，采用了销售额标准。关于"违法性"的判断标准问题，应当对由位于缔约国的反垄断当局的管辖之内、或以外的领域中的企业所形成的所有的相关市场竞争结构；相关企业在市场中所处的地位、经济实力、财政实力；供给者及购买者的选择可能性；以及进入市场的难易程度和进入壁垒等项因素进行全面的讨论。草案也涉及到事前申报制度的内容。

虽然草案出于种种原因没有被世界贸易组织所接受，甚至没有得到被讨论的机会，但是该草案的提出揭开了建立世界贸易组织竞争规则下跨国并购规制的序幕。

1996 年新加坡部长会议宣言。

1996 年 WTO 新加坡部长会议宣言第 20 条规定："我们还同意：建立一个工作组，研究成员提出的有关贸易与竞争政策相互作用的问题，包括反竞争行为，以便确认值得在 WTO 框架内进一步考虑的领域。"WTO 竞争政策工作组（全称为"贸易与竞争政策相互作用工作组"）就此成立。

WTO 竞争政策工作组研究的问题。

WTO 竞争政策工作组于 1997 年开列了需要研究的问题清单：

a. 贸易和竞争政策的目标、原则、概念、范围和方法之间的关系，他们与经济增长的关系。

b. 收集和分析有关贸易和竞争政策现行的方法、标准和活动，包括其实施经验、与贸易有关的国家的竞争政策、法律和方法；现行的 WTO 规范；双边与多边的协议和行动。

c. 贸易和竞争政策的相互作用；企业和协会的反竞争行为对国际贸易的影响；国家垄断、排他性权利和规制政策的关系；投资和竞争政策之间的关系；贸易政策对竞争的影响。

d. 确认值得在 WTO 框架进一步考虑的领域。

目前 WTO 竞争政策工作组主要围绕贸易与竞争政策相互作用主体集中研究以下三方面问题：

a. 国民待遇、透明度和最惠国待遇这些 WTO 基本原则与竞争政策的相互关系。

b. 促进成员之间的合作和交流的途径，包括技术性合作。

c. 竞争政策对实现 WTO 目标的作用，包括促进国际贸易问题[①]。

可以说，WTO 的竞争政策目前仍停留在理论研究阶段，但随着竞争政策在全球经济一体化和国际贸易中重要性的增加，将逐渐走向实质性和系统化的方向。总之，当今国际贸易的发展为在 WTO 竞争规则下实现跨国并购的国际规制提供了契机，今后跨国并购国际规制立法的发展趋势必将是紧紧围绕世界贸易组织竞争规则，建立符合全球经济发展需要的跨国并购规制制度。

（2）经合组织

经合组织在促进和开展竞争政策上的国际合作十分积极。其下设的"竞争法与竞争政策委员会"负责编制和研究各成员国国内的竞争政策相关问题，有时还在别国制定竞争法时提供帮助。经合组织发布的有关竞争政策方面的文件有：

a. 1979 年的《竞争政策与政府规制报告书》；

b. 1984 年的《竞争政策贸易政策报告书》；

c. 1986 年经济与合作发展组织理事会"关于成员国间在影响国际贸易的限制性商业行为方面合作的建议"。该建议规定成员国本国竞争法的适用将会影响到其他成员国的重大利益时，应尽可能事前向有关国家进行通报，并在考虑这些成员国意见的基础上适用本国法律。但成员国各方就某一案件不能达成合意，则由竞争政策委员会进行调停[②]。

d. 1995 年修订的"推荐意见"。该意见规定经合组织 29 个成员国

---

① Robert D. Anderson (Counsellor, Intellectual Property Division WTO)," The Stste of Play on Competition Policy at the WTO", Slides for a presentation to UNTAD – MRTP – Commission – CUTS Regional for the Asian – Pacific, 14 April 2000.

② 参见王为农：《企业集中规制基本法理》，法律出版社 2001 年版，第 264 页。

在采取任何有域外影响的反垄断措施时，应互相协商，在实施各自反垄断法的过程中应当进行诸如代为取证和互换信息等的国际合作①。

可见，经合组织在竞争政策的国际合作方面侧重于对各成员国反垄断法域外效力的协调，试图建立一种能够平衡各方利益的协调机制。总之，欧盟以外的其他区域性反垄断规则仍停留在初级阶段，仅在一些程序性的问题上达成了初步协议，距离制定共同的反垄断规则还有很长一段路要走。该规则对跨国并购的国际规制所起的作用也相当有限。

(3) 联合国

作为长期热衷于在国际反垄断领域发展国际合作的国际组织之一，联合国也一直积极致力于为计划订立或正在起草反垄断法的发展中国家和转型国家提供技术援助②。1980 年 12 月，联合国通过了《一套规制限制竞争性商业实践的多边协议的公平原则和规则》（以下简称《原则和规则》），其目的是根据国家经济和社会发展的目标以及现存的经济结构，通过鼓励和保护竞争、控制资本和经济力的集中以及鼓励革新来扩大国际贸易，特别是要提高发展中国家在贸易和发展方面的利益。《原则和规则》要求成员国按照这个既定原则制定自己的法律，在法律适用中与其他国家合作，并且要求跨国公司重视东道国的竞争法。另外，《原则和规则》还确立了一套规制限制性商业实践的原则，其中包括禁止以兼并、购买等方式取得对企业的支配权、从而不合理地限制竞争。但是，由于《原则和规则》主要反映了发展中国家对限制跨国公司垄断势力和建立国际经济新秩序的要求和愿望，因此，它虽然是联合国大会的正式的法律文件，却没有得到大多数发达国家的批准，从而不具有法律效力。

综上可以看出，多边协调具有双边合作规制无法比拟的优势，但是

---

① 参见王晓华：《谁拥有最终决定权——巨型跨国合并的反垄断问题》，《国际贸易》1999
年第 7 期。

② 张劲松：《试论对国际性并购的法律管制》，《国际贸易问题》2000 年第 1 期。

国际多边协调机制不是一蹴而就的。尽管存在着建立国际统一反垄断法体系的必要性和可能性，但由于许多国家连基本的反垄断法律体系还没有建立，目前能够制定出一个控制程序上的规范已经相当不易。因此完成一套完整的跨国并购规制制度尚需要艰难的和旷日持久的工作。

（三）外资并购的其他国际规制

目前对于外资并购的国际规制还包括国际投资规范的规制和对跨国上市公司收购的国际规制两个方面。

1. 国际投资规范对外资并购的规制

作为国际投资的一种方式，外资并购行为必然应受国际投资规范的规制。由于涉及两个或多个国家，一个并购行为同时会受到这些国家各自不同的国内立法的规制，在实践中往往会出现矛盾和冲突，这时就需要适用相应的协调各国利益的国际投资规范，包括双边和多边的国际投资规范。但是目前所制定的主要国际投资规范没有区分投资模式，除了个别是针对直接投资而制订[1]外，多数规范统一称为"投资"。比如，《解决国家与他国国民投资争议公约》、《多边投资担保机构公约》、《与贸易有关的投资措施协议》等。

这样，虽然并购是投资的一种，也属于这些国际投资规范涵盖的范畴，但国际投资规范无法体现对其特有的规制，只是从框架和原则上作出一般的界定。

由于近半个世纪以来的全球性投资规范的形成和发展的过程，实质上是发达国家与发展中国家间就国际投资的促进与国家主权的尊重、对

---

[1]　比如1993年由世界银行发布的《外国人直接投资待遇指南》，该指南试图反映在促进外国直接投资方面普遍接受的国际标准，但只涉及用来指导针对外国投资者的政府行为的一般原则。包括外资准入、投资待遇、征收、投资争议的解决等内容，主要反映了经济发达国家关于外资保护的理论，侧重于对外资保护方面的内容。

跨国公司的合理保护与适度监管等矛盾进行斗争和妥协的过程。发展中国家与发达国家的立场不能统一，则国际社会仍难以达成普遍性的多边投资法律规则体系。因此在相当长的一段时期内，对于外资并购在外资政策方面的法律规制仍将以各国国内法规制为主。

2．对跨国上市公司收购的国际规制

近年来，跨国性的上市公司收购成为外资并购的一种重要形式，同时也是各国证券市场日趋国际化的重要表现。各国也越来越认识到在加快证券市场开放的同时有必要对跨国收购上市公司的行为进行国际规制。

在规制跨国收购上市公司的国际合作中，有双边和多边两种形式。目前最常见的是双边合作，即两国证券主管机关之间就证券管理和一些法律性、技术性问题展开交流与协作。具体形式包括"相互法律协助条约"和"谅解备忘录"。

在多边规制的领域内，较为突出的是欧共体和国际证监会组织的实践。

欧共体在协调成员国的证券监管规则、实现证券市场一体化方面作出了很大努力。比如，为了保障公司少数股东的权利，欧共体委员会于1988年12月颁布 88/627/EEC 指令[1] 规定的跨国收购上市公司的收购方的重大股权异动申报制度。该指令规定，各成员国的上市公司股权，其转让额达到一定标准时，收购方必须于7日内通知该上市公司以及该国的主管部门，使得投资大众皆能知悉有关股权异动的情形，以作投资决策参考。根据该指令规定，任何股东或第三人，不论是自然人还是法人，取得某一上市公司的10%的有表决权的股份时，必须在7日内履

---

[1] See 88/627/EEC on the information to be published when a major holding in a listed company is acquired or disposed of.

行上述通知义务，各主管机关或该公司应将该信息向公众披露。

1983 年正式成立的国际证监会组织（IOSCO）是由各国证券与期货监管机构组成的一个专业性组织，它通过完成决议的方式[①]，促使各国在其国内法中体现决议的内容，在一定程度上缩小了各国证券监管体系规则的差异，减少了各国证券监管规则的差异给跨国并购造成的障碍。

（四）中国参与国际规制的立场分析

并购已经成为世界经济的一个显著特点，一方面其所可能产生的负面影响正越来越多的受到国际规则的制约；另一方面各国正在把注意力转向对外资并购"成本—效益"的比较上，对并购活动进行经济分析。除违反市场公平竞争规则的并购外，外资并购仍被看作是生机勃勃的，可以形成规模经济的途径。因此国际规制趋向采取宽容态度。

经历了对外资并购的拒绝、谨慎和接受的态度转变后，外资并购已经成为中国利用外资、实行国有企业重组的重要方式。中国成为最有吸引力的跨国并购的目标地之一，与此同时成长起来的中国企业也早已开始了海外并购的征程，并呈现出蓬勃发展的趋势。中国在鼓励外资并购的同时也鼓励成熟的内资企业"走出去"，并购海外企业。在这种背景下，并购这种投资方式已经深刻介入了中国的经济。中国有必要以积极的态度对待、参与双边和多边的国际规制活动。

在外资并购的反垄断国际规制方面，我们应采取倾向于严格限制垄断的态度。积极签订双边反垄断协议，通过与单个国家在反垄断程序上或实体上的协调，对外资并购在中国可能形成的垄断加以限制。多边的反垄断协调目前还没有形成成熟的统一意见，处于雏形阶段，中国也应

[①]　国际证监会自成立以来已经通过了 80 多个决议，内容涵盖证券监管的目标与原则、国际商业行为准则、国际会计准则、金融集团的监管、金融衍生产品的监管、跨国证券欺诈等多方面。

积极参与多边反垄断规制问题的研究探讨。

在外资并购的国际投资规范方面，中国仍应坚持发展中国家的立场，积极倡导在保护外国投资者利益的同时，也要坚持对其实施有力监管的主张，以寻求国际上规制的协调一致。

在跨国收购上市公司的国际规制方面，由于中国的证券市场正处于逐步对外开放的进程之中，在证券监管制度方面，尤其是对外资并购的监管缺乏经验。应注意吸收国际上相关的先进经验，特别是应将国际证监会（IOSCO）的决议内容适当吸收到中国证券立法中来。一方面有助于加强对外国投资者在中国证券市场上收购行为的监管，另一方面也有助于外国投资者在进行并购时适用更多国际上公允的规则，有助于吸引外资。

参 考 文 献

1．史建三、钱诗宇等：《企业并购反垄断审查比较研究》，法律出版社 2010 年版。

2．尚明主编：《企业并购反垄断控制—欧盟及部分成员国立法执法经验》，法律出版社 2008 年版。

3．黄中文、刘向东等：《外资在华并购研究》，中国金融出版社 2010 年版。

4．尧秋根：《中国外资并购市场国际背景与市场转型》，中国经济出版社 2008 年版。

5．孙效敏：《外资并购国有企业法律问题研究》，北京大学出版社 2007 年版。

6．叶建木：《跨国并购：驱动、风险与规制》，经济管理出版社 2008 年版。

7．罗志松：《外资并购的东道国风险研究》，人民出版社 2007 年版。

8．史建三：《跨国并购论》，立信会计出版社 1999 年版。

9．刘文通：《公司兼并收购论》，北京大学出版社 1997 年版。

10．臧跃茹等：《中外企业联姻——外资控股并购国有企业》，中国水利水电出版社 2004 年版。

11．王习农：《跨国并购中的企业与政府》，中国经济出版社 2005

年版。

12．段爱群：《跨国并购原理与实证分析》，法律出版社 1999 年版。

13．王为农：《企业集中规制基本法理——美国、日本及欧盟的反垄断法比较研究》，法律出版社 2001 年版。

14．桑百川：《外资控股并购国有企业问题研究》，人民出版社 2005 年版。

15．张远忠：《外资并购国有企业中的法律问题分析》，法律出版社 2004 年版。

16．卫新江：《欧盟、美国企业合并反垄断规制比较研究》，北京大学出版社 2005 年版。

17．威斯通等，唐旭等译：《兼并、重组与公司控制》，经济科学出版社 1998 年版。

18．宋军：《跨国并购与经济发展》，中国财政经济出版社 2004 年版。

19．叶军：《外资并购中国企业的法律分析》，法律出版社 2004 年版。

20．成先平：《外资并购法制机理研究》，郑州大学出版社 2004 年版。

21．田贵明：《跨国公司对外直接投资与东道国激励政策竞争》，中国经济出版社 2003 年版。

22．东方高圣投资顾问公司、中国收购兼并研究中心编著：《中国并购评论》，清华大学出版社 2003、2004、2005 年版。

23．张夕勇：《并购与管理整合——正在改变着中国与世界》，中国财政经济出版社 2004 年版。

24．韩世坤等：《谁是外资亲睐的猎物：外资在华并购最新态势分析》，湖北人民出版社 2004 年版。

25．王保树主编：《公司收购：法律与实践》，社会科学文献出版社

2005 年版。

26．汤属梅：《外商投资股份公司法律问题研究》，中国人民大学出版社 2004 年版。

27．郭杰、肖善：《企业跨国并购问题分析》，中国三峡出版社 2004 年版。

28．王贵国：《国际投资法》，北京大学出版社 2001 年版。

29．石静遐：《跨国破产的法律问题研究》，武汉大学出版社 1999 年版。

30．林新：《企业并购与竞争规制》，中国社会科学出版社 2001 年版。

31．朱崇实主编：《中国外资法研究：在 WTO 背景下的思考》，厦门大学出版社 2005 年版。

32．王玉梅：《中国的外国直接投资法律制度研究》，法律出版社 2003 年版。

33．熊思浩、王遂：《大并购——世界兼并收购浪潮与中国对策》，经济日报出版社 2000 年版。

34．肖金泉、巴能强、章英、陈红：《公司制企业并购的法律策略》，企业管理出版社 2002 年版。

35．曹军：《银行并购问题研究》，中国金融出版社 2005 年版。

36．谢文捷主编：《外资并购 ABC》，对外经济贸易大学出版社 2003 年版。

37．廖运凤、周清杰等：《外资并购与国有资产重组》，企业管理出版社 2004 年版。

38．陈丽洁：《公司合并法律问题研究》，法律出版社 2001 年版。

39．卢炯星主编：《中国外商投资法问题研究》，法律出版社 2001 年版。

40．王苏生：《要约收购的理论与实证研究》，中国金融出版社 2003

年版。

41．刘恒：《外资并购行为与政府规制》，法律出版社 2000 年版。

42．刘李胜等主编：《外资并购国有企业——实证分析与对策研究》，中国经济出版社 1997 年版。

43．陈秀山：《现代竞争理论与竞争政策》，商务印书馆 1997 年版。

44．许光耀：《欧共体竞争法研究》，法律出版社 2002 年版。

45．孔祥俊：《反垄断法原理》，中国法制出版社 2001 年版。

46．王晓晔：《竞争法研究》，中国法制出版社 1999 年版。

47．[美] 麦克尔 L. 卡茨、哈维 S. 罗森：《微观经济学》，机械工业出版社 1999 年版（中译本）。

48．王子林、张昌彩、沈琦等：《企业并购》，经济科学出版社 2000 年版。

49．[美] 查尔斯·盖斯特（Charles R. Geisst），黄一义等译：《百年并购 Deals of the century：20 世纪的美国并购和产业发展》，人民邮电出版社 2006 年版。

50．王钦：《跨国公司并购中国企业：动因、效应与对策研究》，中国财政经济出版社 2005 年版。

51．许海峰主编：《外资并购》，人民法院出版社 2005 年版。

52．[美] 施维格（Schweiger, David M.）：《整合：企业并购成功之道》，中国财政经济出版社 2004 年版。

53．[德] 哈贝（Habeck, Max M.）：《并购整合：并购企业成功整合的七个策略》，机械工业出版社 2003 年版。

54．吴国萍、周世中：《企业并购与并购法》，山东人民出版社 2003 年版。

55．李光荣：《公司并购理论与实践》，中国金融出版社 2002 年版。

56．韩世坤：《二十世纪九十年代全球企业并购研究：兼论 WTO 框架下中国》，人民出版社 2002 年版。

57．联合国贸易与发展会议编：《2000 年世界投资报告：跨国并购与发展》，中国财政经济出版社 2001 年版。

58．张亚芸：《公司并购法律制度》，中国经济出版社 2000 年版。

59．乔治·斯蒂格勒：《通向垄断的寡占之路——兼并》，载于潘振民译：《产业组织和政府管制》，上海人民出版社、上海三联书店 1996 年新版。

60．王长梅：《我国外国直接投资法律与公司法律制度之关系论》，载于徐杰主编《经济法论丛》第 1 卷，法律出版社 2000 年出版。

61．张劲松：《试论对国际性并购的法律管制》，《国际贸易问题》2000 年第 1 期。

62．徐伟敏：《企业合并的反垄断控制若干问题的思考》，《山东大学学报》（哲学社会科学版）2002 年第 4 期。

63．程吉生、俞香明：《企业合并控制的法律与经济分析》，《江西社会科学》2000 年第 5 期。

64．陈佳贵、王钦：《跨国并购与大型企业改革》，《中国工业经济》2003 年第 4 期。

65．柴忠东：《外资并购我国企业的分析与思考》，《亚太经济》2001 年第 5 期。

66．傅京燕：《关于外资并购国有企业的法律问题探讨》，《国际经济合作》2001 年第 3 期。

67．韩世坤、陈继勇：《中国企业跨国并购的障碍因素分析》，《工业经济》2001 年第 9 期。

68．刘超然：《中国企业参与跨国并购的利弊分析》，《工业经济》2001 年第 3 期。

69．王林生：《跨国并购与中国外资政策》，《投资与证券》2000 年第 9 期。

70．宁周彬：《利用跨国并购提升我国产业结构》，《国际经济合作》

2002 年第 4 期。

71．刘玉霞等：《中国企业跨国并购发展问题研究》，《北京工业大学学报》2002 年 2 期。

72．陈佳贵等：《跨国公司在中国的新动向》，《经济管理》2001 年第 2 期。

73．盛洁民：《论对跨国公司在华直接投资的反垄断对策》，北大法律信息网，http://article.chinalawinfo.com。

74．林燕平：《论跨国并购的法律规制及入世后我国的对策》，国际法论坛，http://www.chinainterlaw.org。

75．国家工商总局公平交易局：《在华跨国公司限制竞争行为表现及对策》，载于《国家工商》2004 年第 5 期。

76．Stocking, G.W., "Commentary on Markhan, 'Survey of Evidence and Findings on Mergers,'" in Business Concentration and Policy, Princeton, NJ: Princeton University Press, 1955.

77．UNCTAD, cross-border M&A database, based on data provided by Thomson Financial Securities Data.

78．Smiley (1995): "Merger axtivity and Antitrust Policy in the United States", Mergers, Ma rkets and Public Policy. edited by Mussai, (Kiuwer Aeademic Publishers),1995.

79．Rowley, J. William, ed. (1996). International Mergers: The Antitrust Process,2nd ed. (London: Sweet & Maxwell).

80．Commission Notice on the concept of concentration under Council Regulation (EEC) No. 4064/89 on the control of concentrations between undertakings [1998] OJ C66/5, [1998] 4 C. M.L.R 586.

81．"United Brands Company v. Commission", Case 27/76, [1978] ECR 207.

82．"Hoffmann – La Roche & Co AG v. Commission", Case 85/76,

[1979] ECR 461.

83. Section 2.0 of the Horizontal Merger Guidelines, revised April 8, 1997.

84. OECD, "Glossary of Industrial Organization Economics and Competition Law".

85. Henry Campbell Black's Law Dictionary.

86. Competition Policy in OECD (1993-1994), OECD Publications and Information Centre. 1997.

87. Robert D. Anderson (Counsellor, Intellectual Property Division WTO)," The Stste of Play on Competition Policy at the WTO", Slides for a presentation to UNTAD – MRTP – Commission – CUTS Regional for the Asian – Pacific, 14 April 2000.

88. Risberg, Annette: "Mergers and acquisitions: a critical reader / Annette Risberg", New York, NY: Routledge, 2006.

89. Halibozek, Edward P, Gerald L. Kovacich: "Mergers and acquisitions security: corporate reorganizations and security management", 2005.

90. Kusstatscher, Verena (1974-): "Managing emotions in mergers and acquisitions", Cary L.Cooper. Cheltenham, UK; Northhampton, Mass. Edward Elgar, 2005.

91. Navarro Varona, Edurne: "Merger control in the European Union: law, economics and practice" Oxford: Oxford University Press, 2005.

92. Parr, A. Nigel Nigel Parr, Roger J. Finbow, Matthew J. Hughes: "UK merger control: law and practice", London: Sweet & Maxwell, 2005.

93. Schuler, Ute Kristin: "A risk-information perspective on the marketing of M&A advisory", Bern; New York: Peter Lang, 2004.

94. Scott, Andrew (David), (1974-): "Merger control in the United Kingdom", Andrew Scott, Morten Hviid, Bruce Lyons; consultant editor,

Christopher Bright. Oxford; New York: Oxford University Press, 2005.

95．Edited by Günter K. Stahl and Mark E. Mendenhall; "Mergers and acquisitions: managing culture and human resources", Stanford, Calif., Stanford Business Books, 2005.

96．Jeremy Waddington: "Restructuring representation: the merger process and trade union structural development in ten countries" Brussels: P.I.E-Peter Lang, 2005.

97．Waddington, Jeremy, Marcus Kahmann & Jürgen Hoffman: "A comparison of the trade union merger process in Britain and Germany", London; New York: Routledge, 2005.

责任编辑：张文勇　高　寅

封面设计：肖　辉

图书在版编目（CIP）数据

外资并购的相关制度研究／郝　洁　著．－北京：人民出版社，2012.6

ISBN 978－7－01－010942－8

I.①外…　II.①郝…　III.①外资公司－跨国兼并－经济制度

－研究－中国　IV.① F279.246

中国版本图书馆 CIP 数据核字（2012）第 116991 号

外资并购的相关制度研究
WAIZI BINGGOU DE XIANGGUAN ZHIDU YANJIU

郝　洁　著

人 民 出 版 社 出版发行

（100706　北京市东城区隆福寺街 99 号）

北京中科印刷有限公司印刷　新华书店经销

2012 年 6 月第 1 版　2012 年 6 月北京第 1 次印刷

开本：710 毫米 ×1000 毫米 1/16　印张：16

字数：210 千字　印数：0,001－3,000 册

ISBN 978－7－01－010942－8　定价：35.00 元

邮购地址 100706　北京市东城区隆福寺街 99 号

人民东方图书销售中心　电话（010）65250042　65289539